프랑스 갈리마르
인물 역사 총서 15

바이킹

글 | 이브 코아, 에스텔 지라르
이브 코아는 역사학과 민족학을 공부하고, 프랑스 해양과학연구소에서 연구원으로 일하고 있다. 《바이킹, 바다의 정복자들》《고래의 삶과 죽음》 등의 책을 썼다.
에스텔 지라르는 프랑스 인류박물관의 연구원으로 《문자의 역사》를 썼다.

그림 | 필립 먼치
스트라스부르 장식미술학교에서 일러스트레이션을 전공했으며, 어린이 잡지에 수많은 그림을 발표했다.

옮긴이 | 이주희
연세대학교 불어불문학과와 동대학원을 졸업하고 어린이들이 읽는 책을 우리말로 옮기는 일을 하고 있다. 그동안 옮긴 책으로 《나무 나라 여행》《씨! 씨! 씨!》《대단한 과학, 실험해 보세요》 등 여러 권이 있다.

초 판 1쇄 2006년 9월 30일 발행
개정판 2쇄 2013년 1월 5일 발행

글 이브 코아·에스텔 지라르 | 그림 필립 먼치 | 옮김 이주희 | 발행처 종이비행기 | 발행인 나성훈 | 편집인 전유준
편집 김지현 이승민 | 교정·교열 장종진 | 디자인 이영수 강혜경 홍진희 | 특판책임 채청용 | 제작책임 정병문 | 홍보책임 박일성
주소 서울 강남구 삼성동 151 | 전화 02-538-5003 | 팩스 02-539-5003 | 등록 제16-3584호 | ISBN 978-89-6719-015-6 74900

ⓒ Éditions Gallimard Jeunesse, Paris, 2003. All rights reserved.
Korean translation Copyright ⓒ 2006 by JB-FLY Publishing Co.
Korean edition is published by arrangement with Gallimard Jeunesse through Sibylle Books Literary Agency.
이 책의 한국어판 저작권은 Sibylle Books Literary Agency를 통해 Gallimard Jeunesse와 독점 계약한 종이비행기에 있습니다. 저작권법에 의해 한국 내에서 보호를 받는 저작물이므로 무단전재와 무단복제를 금합니다.

● **종이비행기**는 예림당의 가족회사로, 새로운 시각과 폭넓은 콘텐츠로 다가가는 **인문 과학 분야 전문 브랜드**입니다.

프랑스 갈리마르 인물 역사 총서 · 15

바이킹

이브 코아, 에스텔 지라르 글 | 필립 먼치 그림 | 이주희 옮김

종이비행기

《프랑스 갈리마르 인물역사 총서》를 펴내면서

앞으로 우리 교육 환경은 쉼 없는 지식의 성장과 진화를 요구합니다. 하나의 주제에 대해 생각하는 데에도 종합적인 사고와 깊은 통찰이 있어야 합니다.

《프랑스 갈리마르 인물 역사 총서》 시리즈는 우리 어린이와 청소년들이 꼭 읽고, 익혀야 할 학습 내용을 쉽고 풍부하게 전달하는 데 초점을 맞추었습니다. 이 시리즈는 인문 교양 지식 분야에서 세계 최고를 자랑하는 프랑스의 갈리마르 출판사에서 발행한 역사, 인물, 신화, 문명에 대한 종합적인 교양서입니다.

이 시리즈에 들어 있는 주제들은 모두 어린이, 청소년, 어른까지도 꼭 알아야 할 내용들로 매우 흥미진진합니다. 세상이 처음 만들어진 이야기부터 한 시대를 이끈 영웅담, 고대 문화, 문명, 지리, 역사적 배경까지……. 마치 한 편의 웅장한 역사 드라마를 보는 것과 같습니다. 그 이야기를 누구나 쉽게 이해할 수 있도록 맛깔스럽게 구성하였습니다. 거기에 역사적 사건이나 당시의 상황을 뒷받침하는 풍부한 자료들을 덧붙여 먼 과거의 숨결이 살아 있는 듯 생생한 감동을 불러일으킵니다. 각각의 주제마다 모든 분야의 최고 전문가들이 하나하나 정성을 기울인 작품입니다.

첫째 지식 교양의 기초가 되는 신화, 역사, 문화, 인물의 발자취가 가득합니다.

로마, 율리시스, 이집트 신, 노예, 해적, 클레오파트라와 같은 인류 역사의 커다란 쟁점들을 사실적으로 재현하여, 놀라운 지식들을 경험할 수 있는 세계로 안내합니다.

둘째 어렵고 딱딱한 역사 지식을 전설이나 신화 같은 이야기로 흥미롭게 전달합니다.

쉽고 간결한 이야기체 구성으로 초등학생부터 청소년, 학부모에 이르기까지 누구나 단숨에 읽고, 쉽게 공감할 수 있습니다.

셋째 역사적 사실과 상상력을 바탕으로 한 구체적인 정보를 알차게 실었습니다.

이야기 중간 중간마다 그 당시의 역사적 사실과 배경 지식을 알 수 있는 다양한 사진이나 그림, 기록물을 꼼꼼히 넣고, 백과사전 같은 설명을 곁들여 학습 효과를 높여 줍니다.

넷째 원작이 주는 고유의 분위기나 상황을 충실히 살렸습니다.

지금까지 알려진 여러 가지 이야기 중에서도 가장 원전에 가까운 설화와 번역본, 문체까지 충실히 살려 독자들에게 정확한 교양 지식 길라잡이가 됩니다.

다섯째 학생들의 교과 과정과 관련 있으면서도 교과서에 나오는 내용 이상의 필수 지식이 실려 있습니다.

이 책은 교과서의 단편적인 내용을 보다 입체적으로 새롭게 보여 줍니다.

그 밖에도 《프랑스 갈리마르 인물 역사 총서》가 주는 매력은 한두 가지가 아닙니다. 우리가 모르고 그냥 지나쳤던 역사의 수많은 발자취를 새롭게 발견할 때의 기쁨이란 이루 말할 수 없습니다. 그 기쁨의 주인공은 이제 여러분입니다.

이 책을 읽으면서 우리가 알고 있는 세계 역사와 문화를 보다 다양하고 입체적으로 바라볼 줄 아는 지혜를 얻길 바랍니다.

일러두기
① 국립국어원의 표기법에 따르며, 인명·지명은 되도록 해당 지역의 표기법에 따르도록 노력하였습니다.
② 세계 설화의 원문을 객관적으로 충실히 반영하여 독자에게 정확한 사실을 전달하는 것을 원칙으로 삼았습니다.
③ 어린 독자들에게는 좀 어려운 어휘 구사(반복, 비교 따위)를 고려하여, 완전히 각색하지 않고, 가급적 눈높이를 맞추도록 하였습니다.

차례 contents

습격 10

가족과 함께 22

가장 노련한 목수 32

북대서양 정복 44

자유민 회의 56

발트 해에서 흑해로 68

상인들의 도시 78

아름다운 에우드르의 마지막 여행 90

파리 포위 공격 100

노르망디의 롤프르 112

8 바이킹의 세계

20 바이킹의 습격

30 바이킹의 가족 생활

42 배와 모험

54 새로운 땅의 개척

66 알팅 회의

76 동방과의 무역

88 무역 도시의 상인

98 바이킹의 종교

110 바이킹의 전사들

124 바이킹 시대의 끝

126 바이킹 문학

세계 정복에 나선 바이킹

바이킹의 모험은 처음에는 발트 해와 북해를 무대로 펼쳐졌으나 이내 대서양까지 넘나들게 되었다. 그들은 지브롤터 해협을 통과하여 지중해까지 진출했고, 스웨덴을 출발하여 러시아의 강들을 따라 아름다운 성지 콘스탄티노플까지 이르렀던 바이킹들도 있었다.

습격

새벽이 밝아 오자 3척의 배가 작은 만*을 떠나 조용히 출항*했다. 배들은 직사각형의 돛에 순풍을 받으며, 해안선을 따라 쏜살같이 나아가기 시작했다.

뱃머리에는 조각된 용 머리가 당당하게 하늘로 치솟아 있었다. 배 옆면에는 색색의 둥근 방패가 줄지어 걸려 있고, 배꼬리도 뱃머리와 마찬가지로 위로 솟아 있었다. 이 위풍당당한 배가 바이킹의 배, 노르* 선이다.

배 위에는 30여 명의 남자들이 저마다 바쁘게 움직이고 있었다. 그들은 바다의 습기에 녹이 스는 것을 막기 위해 궤짝 속에 넣어둔 갑옷과 무기를 꺼내는 중이었다. 한 사람은 이 빠진 검을 숫돌에 갈고, 다른 사람은 활시위가 팽팽하게 매어졌는지 확인하기도 했다. 사슬 갑옷*을 입은 사람도 있지만 대부분 속을 두툼하게 넣은 가죽옷을 입고 있

만
해안선에서 바다가 육지로 들어온 부분.

출항
항구나 정박지를 떠나다.

노르
바이킹 배의 이름.

사슬 갑옷
쇠사슬로 엮은 헐렁한 옷옷.

었다. 남자들은 꼭대기가 뾰족하고 코와 뺨을 모두 덮는 투구를 쓰고 도끼와 창을 들어 무장을 마쳤다.

배 뒤쪽의 작은 단 위에는 키잡이 옆에 두 남자가 서 있었다. 둘 중에 키가 크고 야윈 쪽이 나이도 더 많았고 더 화려한 옷을 입고 있다. 그 사람이 바이킹의 대장, 얄*인 홀시였다. 홀시는 저편에 보이는 해안에서 눈길을 떼지 않았다. 또 다른 사람은 키가 작고 통통한 길잡이, 올로프였다. 홀시가 입을 열었다.

"올로프, 자네는 지금껏 내가 만난 레이드쇠그마드르* 중 가장 뛰어나고 신중한 길잡이지만, 오늘은 자네의 안내에 의심이 가기 시작하네. 우리가 숨어 있던 작은 만에서도 살아 있는 거라곤 양 몇 마리밖에 못 봤지. 아무리 해안을 살펴봐도 마을은 그림자도 보이지 않는군! 보이는 건 절벽과 쓸쓸한 황야뿐이지 않나."

"홀시 님, 잠시만 기다려 보십시오! 홀시 님과 동료들이 한마음으로 그 먼 길을 왔으니 어떤 바이킹도 꿈꾸지 못했을 굉장한 스트란회그*에 성공할 것입니다."

올로프도 해안을 살펴보았다. 그는 갑자기 파도가 하얗게 부서지는 암초를 가리키며 소리쳤다.

"보세요! 저기입니다! 바로 앞쪽에, 저기 저 바위들에 부

얄
바이킹의 우두머리.

레이드쇠그마드르
'길을 알려주는 사람.'이라는 뜻의 바이킹 말.

스트란회그
'해안 작전', 즉 기습을 뜻하는 노르드 어(바이킹의 말).

딮혀 배가 부서졌었지요. 그때부터 벌써 네 번의 겨울이 지나갔습니다. 살아남은 동료들과 함께 다른 노르 선이 우리를 발견할 수 있는 장소를 찾아 바닷가를 따라 걸었습니다. 그러는 도중에 젊은이 하나를 포로로 잡게 되었지요. 홀시 님도 그를 아십니다! 녹슨 쇠도끼처럼 붉은 머리를 한 젊은이입니다. 그는 우리 땅으로 와 농장에서 일을 하면서 우리말을 배웠고, 그에게 풍요로운 자기 나라 이야기를 들을 수 있었습니다. 장*이 설 때 가 보라는 얘기까지 해 주더군요. 사람들이 정신을 딴 데 팔고 있을 테니 안전하게 다가갈 수 있을 겁니다."

올로프와 홀시가 이야기를 하고 있을 때, 갑자기 키잡이가 앞을 보라고 손짓했다. 앞에 펼쳐진 아침 안개 속에서 넓은 만과 어촌이 드러났다. 산등성이에 세워진 마을의 초가지붕들과 네모진 종탑이 뚜렷이 보이기 시작했다.

"홀시 님! 제 말이 맞았지요! 한 시간도 못 되어 도착할 겁니다. 게다가 보세요. 보초가 하나도 없습니다. 저 마을은 우리 것입니다! 바닷가에 어부가 남아 있다 해도 이 눈부신 햇빛 탓에 습격*할 때까지 우릴 못 볼 것입니다!"

홀시는 큰 소리로 돛을 내리라고 명령했다. 바이킹들은 묵직한 돛대를 눕힌 다음 뱃전에 뚫린 노 젓는 구멍에 노를

장
정해진 날에 열리는 큰 시장.

습격
갑자기 상대방을 덮쳐 침.

넣어 젓기 시작했다. 노르 선이 파도 위로 힘차게 튀어 오르더니, 오른쪽으로 비스듬히 방향을 틀어 작은 항구로 뱃머리를 돌렸다. 다른 2척도 경주에 나서 가장 먼저 도착하려고 앞을 다투었다. 이른 아침의 고요한 마을에서는 아무도 위험을 깨닫지 못했다.

벌써 용골*이 마을 앞바다의 모래 바닥에 닿았다. 세 개의 용 머리는 나란히 바닷가에 멈추었고, 육지에 닿자마자

용골
배 밑바닥 한가운데를 떠받치는 긴 나무. 뱃머리에서 배꼬리까지 이어져 있다.

 바이킹들은 무기를 움켜쥐고 뛰어내리기 시작했다. 나이가 많거나 부상당한 사람 몇 명만이 배를 지키기 위해 남았다. 나머지 바이킹은 모두 마을로 달려가면서 사기*를 높이고 적에게 겁을 주려고 함성을 질렀다.
 가까워지는 고함 소리에 마을 사람들도 위기가 닥쳤음을 알아차렸다. 바이킹들은 올로프의 안내에 따라 골목으로 몰려들어갔다. 침략자들에 맞서 마을 사람 중 한 사람이

사기
자신감으로 가득 차서
굽힐 줄 모르는 자세.

도리깨
두 개의 막대 끝을 연결하여 곡식을 타작하는 데 사용하는 농기구.

좌판
팔기 위한 물건을 늘어놓은 판자.

  도끼를, 다른 사람이 도리깨*를 휘두르며 뛰어나왔지만, 바이킹들은 두 사람을 서슴없이 죽이고 교회 쪽으로 달려갔다.

  장터에서도 장사를 할 때가 아님을 알아차린 사람들이 좌판*을 팽개치고 달아났다. 하지만 이미 사방이 침략자들이었다. 마을 사람 몇 명이 얼른 활을 쏘았고, 이러한 저항을 예상하지 못한 바이킹들은 부상을 입고 말았다. 올로프의 막내아들 뢰윈발드르가 다리에 화살을 맞고 쓰러졌

다. 홀시는 재빨리 부하들에게 나란히 서서 방패로 벽을 만들라고 명령했다.

맞붙어 싸워야 할 때가 왔다. 싸움이 격렬해진다. 도끼가 검을 받아치고 창이 화살을 막으며, 치열한 싸움이 벌어졌다. 결국 바이킹들은 주민들을 난폭하게 쫓아 버리는 데 성공했다. 승리가 확실해지자, 그들은 이집 저집으로 들어가 집 안에 숨어 있던 여자들을 끌어냈다.

홀시는 머리를 다쳤다. 부하들이 홀시를 부축해서 교회

로 달려갔다. 교회 문을 도끼로 부수고 들어가자 여남은 명이 제단* 밑에 무릎을 꿇고 있었다. 장날에 맞추어 옆 마을에서 온 성직자*들이었다. 바이킹들은 그중 몇 명을 죽이고 나머지는 성전*에서 알몸으로 쫓아내 창피를 주었다.

밖에서는 전투가 모두 그쳤다. 바이킹들은 마을을 뒤져서 값이 나갈 만한 물건을 모두 광장 한가운데로 모았다. 교회에서 찾은 성물*, 보석, 집에서 나온 옷감과 그릇, 화폐와 무기가 쌓였다.

엄청난 전리품*이었다! 보물은 대부분 소달구지에 실었다. 나머지는 교회 앞에서 공포에 떨며 숨죽이고 있는 포로들이 바닷가까지 짊어지고 갈 것이다.

바이킹들은 대담*한 습격에 성공한 것을 기뻐하며 잔치를 열었다. 배에 싣고 갈 돼지와 닭 몇 마리만 남겨 두고 가축을 모조리 잡아서, 각자 좋아하는 고기 부위를 직접 잘라서 구워 먹었다. 포도주와 맥주로 들뜬 전사들은 목소리를 높여서 누가 어떤 포로를 노예로 삼을 것인가를 두고 다투었다. 올로프는 슬쩍 홀시에게 주의를 주었다.

"홀시 님, 대단한 성공이자 정말 멋진 잔치입니다! 하지만 지체 없이 바다로 돌아가야 합니다. 틀림없이 마을 사람 중 몇 명은 도망가서 도움을 청했을 테고, 수가 적은

제단
제사를 올리는 탁자.

성직자
종교적 직업을 가진 사람.

성전
신성한 건물.

성물
종교 의식에 쓰는 신성한 물건.

전리품
전쟁을 해서 적에게 빼앗은 물품.

대담
담력이 크고 용감함.

우리가 군대와 맞설 수는 없습니다. 행운을 너무 믿지 말고 돌아갑시다. 지금이라면 순풍을 타고 금방 고향으로 돌아갈 수 있을 겁니다."

홀시는 승리의 기쁨과 맥주에 취해 있었지만, 그 충고가 옳다고 생각했다. 그는 부하들에게 노르 선으로 돌아가자고 소리치고 이 말을 덧붙이는 것을 잊지 않았다.

"오딘*의 벼락이여! 모든 것을 태우고 파괴하라! 불꽃의 매운 연기로 북쪽 사람들의 사기가 하늘을 찌른다는 것을 이 나라 주민들에게 알려 주어라!"

오딘
북유럽 신화의 최고신이며 승리의 신.

바이킹의 기습은 신성 모독에 대한 공포도 가져왔다. 바이킹은 특히 유럽 기독교도들이 가장 신성하게 여기는 장소들, 즉 잉글랜드와 아일랜드의 수도원들을 공격했다.

신의 징벌

793년 6월 8일에 잉글랜드 린디스판의 수도원이 바이킹에게 약탈당했다. 프랑크 왕국 샤를마뉴 대제의 고문관이었던 수도사 알퀸은 그 소식을 듣고 불안을 느꼈으며 이 공격은 더 무서운 일들의 서막이며 불행과 재난의 시작에 불과하다고 말했다.

▲ 수도원에서 훔친 기독교 성물함. 한 바이킹이 '란베이'라는 자기 이름을 새겼다.

전리품

기습은 몇 시간밖에 지속되지 않았다. 바이킹들은 배에 실을 수 있는 것만 약탈했는데, 그것은 주로 보석, 무기, 노예 그리고 수도원의 보물인 값진 금은 제사 도구들이었다.

◀ 스웨덴 벤델에서 발굴된 투구. 벤델 시대, 7세기경, 스톡홀름

공격

바이킹은 공격을 성공시키기 위해 기습에 의존했기 때문에, 정말로 서유럽을 정복하기는 어려웠다. 바이킹은 경건왕 루이가 죽고 프랑크 왕국이 약해진 뒤에야 마음껏 침략에 나섰다.

바이킹들은 마을을 뒤져서 값이 나갈 만한 **물건**을 모두 광장 가운데로 모았다.

클론마크노이즈의 수도원, 아일랜드 샤논 강 유역, 아일랜드, 7~12세기

방어용 종탑
아일랜드 교회는 둥근 천장의 로마네스크 양식으로 지어지다가, 바이킹의 습격 때문에 10세기경부터 건축 양식이 변했다. 공격을 받았을 때 피난처나 망루 구실을 할 수 있도록 종탑이 높고 튼튼해진 것이다.

약탈
수도원은 바이킹들에게 이상적인 표적이었다. 보물이 넘치는데도 방어가 허술했기 때문이었다. 그래서 어떤 수도원은 여러 해를 내리 약탈을 당하기도 했다. 아일랜드 클론마크노이즈의 수도원은 여덟 번이나 약탈을 당했다.

공포
바이킹은 상대방에게 겁을 주는 심리전을 잘 활용했다. 바이킹 약탈자들은 기동력은 좋지만 수가 적었기 때문에, 전략을 써서 기습을 했고, 가능하면 불을 질러 주민들을 공포에 빠뜨렸다.

◀ 린디스판 수도원의 바이킹 습격을 묘사한 돌 비석. 린디스판, 잉글랜드

▶ 수레 손잡이에 조각된 전사의 험상궂은 얼굴. 오세베르그의 배, 9세기, 뷔그도이, 노르웨이

가족과 함께

 포근한 옷을 입고 털모자를 쓴 위다는 엄마와 함께 아직 얼어 있는 오솔길에서 스케이트를 타고 있었다. 그녀는 에일 아저씨의 대장간에 가서 엄마가 주문한 브로치*를 찾고 큰 쇠솥을 고쳐 달라고 맡기러 가는 길이었다. 조심스럽게 들어선 대장간 안에 있는 용광로* 속에는 녹은 금속이 새빨갛게 달아올라 있었다. 위다는 탄성을 지르며 대장장이에게 다가갔다.

 "저런 것이 이렇게 정교하고 화려한 브로치로 변하다니 정말 신기해요!"

 틀에서 꺼낸 금속 장신구들을 식히는 동안, 에일 아저씨가 브로치에 윤을 냈다. 에일 아저씨만큼 솜씨 좋은 대장장이는 없었다. 궤짝의 열쇠나 배를 수리할 때 쓰는 대갈못*, 그뿐 아니라 아름다운 장신구도 멋지게 만들어 내는

브로치
옷의 깃이나 앞가슴에 핀으로 고정하는 장신구. 바이킹은 브로치로 망토를 여몄다.

용광로
금속을 녹이는 화로.

대갈못
대가리가 큰 쇠못.

것이었다.

위다의 남동생 스노리는 대장장이가 되는 게 꿈이었다. 틈만 나면 에일 아저씨의 대장간으로 달려가는 스노리였지만, 지금 불쌍한 스노리는 대장간의 열기가 아니라 뺨에 와 닿는 굵은 눈송이를 느끼며 서둘러 집에 돌아가고 있었다. 누나는 벌써 대장간에서 돌아왔을 것이다. 스노리는 아침까지 불을 땔 나무를 구해 가는 중이었다. 가느다란 팔에 들린 나무가 무겁게 느껴졌다. 풀밭이 서리로 덮여 있어 발 딛는 곳마다 '바삭' 소리를 내며 물웅덩이가 생겨났다.

스노리는 열다섯 번의 겨울을 지냈지만 아직 그렇게 힘이 세지 않은데, 엄마는 꼭 힘든 일만 시켰다. 그래도 고생한 보상은 곧 받을 수 있을 것이다. 집에서는 활활 타오르는 화덕*에서 맛있는 빵을 굽고, 생선을 말리고 완두콩 수프를 끓이고 있을 테니 말이다. 음식 생각이 나자 벌써부터 입에 침이 고여 무거운 짐을 빨리 옮기고 싶어졌다. 밤이 되기 전에 충분히 나무를 구해 놓으면 며칠은 편히 보낼 수 있었다. 내일은 놀 수 있으니, 나무 스케이트를 신고 파도 위를 미끄러져 가는 노르 선처럼 멋지게 얼음을 지칠 것이란 기대에 가슴이 부풀었다.

집에서는 엄마가 스노리를 기다리며 모피를 덮은 긴 의

화덕
쇠나 흙으로 아궁이처럼 만들어 솥을 걸고 쓰게 만든 물건.

자에 편하게 앉아 돌절구*에 밀을 빻고 있었다. 그렇게 만든 밀가루를 나무 그릇에 쏟고 물을 부어 힘차게 저었다. 다음은 물로 반죽을 한 밀가루 덩어리를 떼어서 작은 공 모양으로 뭉칠 차례였다. 동글동글한 예쁜 빵들이 화덕 가장자리의 달구어진 돌 위에서 노릇노릇하게 구워졌다. 드디어 스노리가 돌아왔다. 구수한 빵 냄새가 큰 방에 가득 차 있었다. 스노리는 엄마에게 물었다.

절구
곡식을 빻는 데 사용하는 큰 돌그릇.

스튜
고기와 야채를 약한 불에 삶는 서양식 요리.

"뭐 도울 일 없어요? 너무 배가 고파서 닭 한 마리에 토끼 한 마리 정도는 거뜬히 먹어 치울 것 같아요! 수프가 빨리 끓도록 솥을 불 위에 걸어 놓을까요?"

"스노리! 그것보다 가서 물 한 통만 떠 와라!"

엄마는 돼지고기 조각을 자르고 스튜*에 간을 했다.

"조금만 참아라. 금방 맛있는 것 줄게. 뭔지 와서 보렴."

엄마는 스노리를 위해 특별 요리를 준비해 놓고 있었다. 스노리가 모진 추위를 뚫고 무거운 장작을 안고 오는 동안, 엄마는 꿀과자를 만들어 둔 것이다. 스노리는 더 참지 못하고 꿀과자 두 개를 슬쩍 나무 그릇에 덜어서 맛있게 먹었다.

"누나 좀 불러 와라. 저녁 차리는 것 좀 거들게."

위다는 엄마가 손수 짜서 쇠바늘과 삼실로 꿰매어 놓은

튜닉
허리 아래까지 내려오는 헐렁한 웃옷.

카술라
셔츠 위에 입을 수 있는 소매 없는 옷.

모직 옷감을 다 개어 놓았다. 엄마는 가족들의 옷에 부족한 것이 없도록 항상 신경을 쓰고 있었다. 위다는 엄마에게 스노리가 입는 작은 모직 튜닉*의 깃에 수놓는 법부터 배우기 시작했다. 지금은 위다도 솜씨가 좋아져서 온 가족의 카술라*와 셔츠를 꿰맬 정도가 되었다. 위다는 일에 정신이 팔려서 식사 시간도 잊을 지경이었다.

"애들아, 저녁 먹자. 아빠도 곧 오실 게다."

한겨울이라 밤이 빨리 오기 때문에 아빠도 벌써 돌아와 있을 시간이었지만 늦어지고 있었는데, 아빠는 이웃 뵈르크 아저씨네 말이 얼음에 미끄러져 등을 다쳤기 때문에 붕대 감는 것을 도와주러 가 있었다. 위다는 우유를 단지에 부어 놓고 돌아오자마자 맥주부터 찾을 아빠를 위해서 맥주를 챙겼다. 스노리는 아직도 고기와 수프를 맛있게 먹고 있었다. 위다는 먹보 동생이 누나 몫까지 넘볼까 봐 얼른 꿀과자를 삼켜 버렸다. 갑자기 아빠의 묵직한 걸음 소리가 들려왔다. 곧이어 아빠가 문을 툭툭 차서 신발에 묻은 눈을 털고 집 안으로 들어섰다. 그는 추위와 바람에 시달려 붉어진 얼굴로 입을 열었다.

"일이 생각대로 되질 않았어! 운이 나빴지. 말이 너무 허약하고 상처도 너무 크고, 도무지 상태가 나아지지 않

더군. 결국 칼로 죽음을 앞당겨 주었어. 집에 오니 좋구나! 위다야, 맥주 좀 많이 가져와라. 추우니까 목이 마르구나."

불가에서 한동안 함께 시간을 보낸 뒤, 스노리는 아빠와 전날 시작한 네타플*을 계속 둔다. 네타플은 스노리가 이길 때가 많아서, 스노리는 졸을 충분히 내보내 상대방의 공격에서 왕을 보호하는데도 아빠는 그에 맞서는 데만 몹시 애를 먹고 있었다. 스노리가 딴 데 정신을 팔게 하려고, 아빠는 스노리에게 가족사를 이야기해 주었다. 좋은 땅을

네타플
서양식 장기의 일종.

가지고 있던 스노리의 할아버지가 어떻게 씨족*의 우두머리가 되고 어떻게 병에 걸려 죽음을 맞았는지 이야기해 주었다. 스노리는 이미 다 아는 이야기이기 때문에 건성으로 들으며 장기판에만 집중하고 있었다. 다 이긴 판을 놓칠 수는 없는 일이었다.

  네타플이 계속되고 밤이 깊어 가지만, 방 안은 잉걸불*로 따뜻했다. 엄마와 위다는 저마다 잠자리에 누워서 털 담요 속에서 몸을 웅크린 채 깊이 잠이 들었다. 스노리는 이기고 있는 게 기뻐서 피곤한 것도 잊었다. 하지만 땅바닥에 세워 놓은 길쭉한 램프도 기름이 다 닳아서 불꽃이 꺼질 듯이 깜박거렸다.

  "애야, 이제 정말 자야 할 시간이다. 내일도 할 일이 많아. 이탄* 푸는 삽도 새로 만들어야 하고 수레도 고쳐야 돼. 엄마가 잘라 놓은 고기도 바깥에 땅을 파서 묻어야 봄까지 상하지 않을 테고. 자, 가서 자고 기운 차려라. 내일 아침에 일찍 깨워 주마."

씨족
같은 조상을 가진 혈연 공동체.

잉걸불
불이 이글이글하게 핀 숯덩이.

이탄
습한 땅에서 식물이 썩어서 생기는 석탄의 일종. 연료로 사용된다.

바이킹 사회는 가족을 중심으로 이루어졌다. 가장을 중심으로 몇 세대에 걸친 자유민 남녀가 가족을 이루고, 농노나 전쟁 포로 출신의 노예들과 한 지붕 아래 살았다.

▲ 바이킹 묘비

처와 첩
바이킹 남편은 당시로서는 드물게도 아내를 존중했다. 아내는 남편이 못되게 굴거나 때리면 이혼할 권리가 있었다. 하지만 부유한 남자는 노예 중에서 여러 명의 첩을 둘 수도 있었다.

여주인
남자들이 약탈이나 무역을 하러 떠나 있는 동안, 아내들이 온 가족을 책임졌다.

그릇
잔, 대접, 국자는 대개 나무를 깎아 만들었다. 주로 먹는 음식인 귀리를 찌는 솥은 돌로 만들거나 쇠를 두드려 만들었다.

공동 주택
집 안에는 큰 방이 하나뿐이고 한가운데에 난방과 요리를 해결하는 돌화덕이 있었다. 이곳에서 주인, 하인, 노예 등 온 가족이 모여 식사하고, 밤이 되면 벽을 따라 늘어놓은 침상에 각자 누워 잠이 들었다.

▶ 취사도구, 아르뷔, 웁살라, 스톡홀름

이름 짓기
갓난아기의 이름은 아버지가 지었다. 이름을 짓는 일은 아기를 자식으로 인정하고 가족 안에 자리를 마련해 주는 것을 뜻하는 것이었다.

구수한 빵 냄새가 큰 방에 가득 차 있었다.

▲ 집 열쇠

◀ 덴마크 트렐레보르그에 복원된 바이킹 주택

권위의 상징
정식으로 결혼한 아내는 영지 안의 집안일을 모두 책임졌다. 아내가 허리띠에 달고 다니는 집안의 열쇠 꾸러미가 이 책임을 상징했다.

실잣기와 천 짜기
여주인과 하녀들은 들일을 하다 짬이 나는 대로 벽에 세워둔 베틀 앞에 앉아 모직물이나 마직물을 짰다. 이렇게 짠 천으로 옷을 만들거나 장식품을 만들었고, 어떤 것은 시장에 내다 팔기도 했다.

▶ 양털을 빗는 데 쓰는 고래뼈 빗. 런던

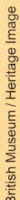

가장 노련한 목수

예이르는 벌써 한 시간이 넘도록 수풀 속에 숨은 채로, 두 남자가 큰 참나무 양쪽에 무릎을 꿇고 밑동에 도끼질을 하는 모습을 훔쳐보고 있었다. 예이르는 아까 양 떼를 불러 모으다 도끼질 소리에 끌려 이곳까지 오게 되었다. 못 보던 사람들이라 일단 숨어서 살펴본 뒤에 사람들에게 알리려는 생각이었다.

그렇게 열심히 나무를 찍는 사람들은 처음 보았다. 두 사람은 어쩌다 잠시 숨을 돌리고 목을 축일 뿐, 쉬지 않고 한 명씩 돌아가며 정확하게 참나무 밑동을 내리치고 있었다. 도끼를 다루는 솜씨가 스벤 형보다도 훨씬 능숙해 보였다. 스벤 형은 피오르드*의 젊은 농부들끼리 시합을 벌일 때마다 이기곤 했지만 두 사람보다는 못했다.

나무 밑동에 비스듬히 파인 자국이 지름의 절반을 넘었

피오르드
육지 안쪽으로 깊이 들어간 좁은 만.

다. 이제 거대한 나무가 쓰러지기 직전이었다. 예이르는 그 구경거리를 제대로 보고 싶어서 더 잘 보일 것 같은 돌무더기 뒤로 옮겨 가려고 했다. 하지만 낙엽 속을 기어 나오자마자 억센 손이 예이르의 더벅머리를 휘어잡아 억지로 일으켜 세웠다.

"어이, 이리 좀 와 봐! 희한한 걸 찾았어. 이게 뭐지? 동굴에서 튀어나온 아기 트롤*인가!"

예이르는 마구 몸부림을 쳐서 빠져나온 뒤, 자기를 붙잡은 사람과 마주 섰다. 살이 찐 편이지만 근육이 잡혀 있고 희끗희끗한 수염을 기른 남자였다. 금귀고리에 은줄을 엮은 묵직한 목걸이와 가장자리에 수를 놓은 푸른 망토를 두르고, 묵직한 도끼를 들고 있었다.

그 사람이 껄껄 웃으며 물었다.

"자, 트롤 꼬마야, 이름이 뭐냐?"

예이르는 겁이 났지만, 간신히 용기를 내어 대답했다.

"급류 농장 아르니의 아들, 예이르입니다. 아저씨가 누군지 모르겠지만 지금 엘렌드 님의 영지에 들어와 있어요. 엘렌드 님이 동방에서 돌아오시는 대로 그분의 숲을 망가뜨린 대가를 치러야 할 거예요."

예이르는 열을 올리며 이야기했지만, 그 사람은 별로 신

트롤
북유럽 숲 속에 산다는 전설 속의 존재.

경 쓰지 않는 것 같았다. 듣는 둥 마는 둥 돌아서더니, 두 나무꾼에게 일을 계속하라고 지시하고 자리를 떴다. 하지만 얼마쯤 걸어가다가 발을 멈추더니 그대로 굳어져 있는 예이르를 날카로운 눈으로 돌아보았다.

"예이르라고 했지? 이 숲을 잘 아니?"

"여기서 태어났고 걸음마 무렵부터 이 숲 속을 쏘다녔는 걸요!"

예이르는 가슴을 펴고 자랑스럽게 대답했다.

그 사람은 수염을 쓰다듬으며 말을 이었다.

"나는 오페이그라고 한다. 작년에 엘렌드가 스카게라크*의 우리 농장을 찾아와서 노르 선이 낡을 대로 낡았으니 새 배를 만들어 달라고 했단다. 가격을 맞춘 다음에 일을 시작했지. 작년 겨울에 뱃머리* 두 개를 깎아 만들어서 이탄지*에 묻어 두었어. 올해 나뭇잎이 노랗게 물들기 시작했을 때, 뱃머리 두 개를 배에 싣고 아내와 아이들과 작별 인사를 했지. 그리고는 출항해서 엘렌드의 영지로 온 거야."

예이르는 그 이야기에 깜짝 놀라 속삭였다.

"그럼 아저씨가 스웨덴 왕국에서 제일 유명한 뱃머리 목수*, 위대한 오페이그란 말이에요? 잉바르 왕의 랑시프*

스카게라크
작은 섬들로 이루어진 스웨덴 서쪽 해안 지대.

뱃머리
바이킹 배의 맨 앞부분과 뒷부분 (양쪽이 똑같은 모양이다).

이탄지
부패한 식물로 이루어진 축축한 땅. 그 속에 묻어 둔 나무는 단단해지고 쪼개지지 않게 된다.

뱃머리 목수
바이킹들이 우두머리 목수를 부르는 이름.

랑시프
'긴 배'라는 뜻으로 길고 좁은 모양의 전함.

를 만든 분이에요?"

오페이그는 짓궂은 표정으로 대답했다.

"내가 그 대단한 분이다. 확실히 내 솜씨는 훌륭하지만, 그래도 네 도움이 필요해. 좀 도와주겠니?"

예이르는 못 미더워하면서도 고개를 끄덕였다.

"이 큰 참나무를 다듬어서 용골을 만들 거란다. 하지만 앞으로도 나무가 스무 그루는 더 필요해. 줄기*가 날씬하고 결*이 곧으며, 흉한 옹이*가 없어야 멋지고 긴 판자

줄기
식물의 뼈대가 되는 긴 부분.

결
나무의 섬유가 이루는 방향.

옹이
나무 줄기에서 가지가 나온 부분. 이곳에서 결의 방향이 달라진다.

를 만들 수 있지. 어디에 그런 멋진 나무가 있는지 가르쳐 주겠니?"

그 뒤로 예이르는 오페이그와 함께 첫눈이 내릴 때까지 몇 주 동안 숲 속을 누비고 다녔다. 예이르가 가리키는 나무들은 대부분 오페이그의 마음에 들지 않았다. 모양이 적당하지 않거나 목재의 질이 떨어진다고 했다. 겨울밤의 시작을 알리는 큰 축제 전날이 되어서야 노르 선을 만드는 데 필요한 스물두 그루의 참나무가 마련되었다. 사람들은 나무의 가지를 쳐낸 다음에 두 마리의 말로 끌어 작업장으로 골라 둔 모래사장으로 옮겼다.

  운 좋게도 올해는 오랜만에 보트니아 만*의 겨울 날씨가 좋았다. 일주일이 넘는 기간 동안 눈보라* 때문에 작업이 중단된 적은 한 번도 없었을 정도였다. 배를 만드는 일은 빠르게 이루어졌다.

  오페이그의 빈틈없는 지휘 아래 목수들이 통나무를 자르기 시작했다. 통나무에 쇠로 된 쐐기*를 박고 망치로 내려치면 어떤 것은 둘로 쪼개지고 어떤 것은 여러 개의 판으로 나누어졌다. 도끼질을 할 때마다 나무 부스러기가 날려서 며칠 만에 바닷가의 모래밭이 완전히 덮여 버리고 말았다. 초보 목수들은 판자를 세워 놓고 평평하게 다듬는 일을 하고, 오페이그는 노련한 동료와 함께 직접 손도끼*를 들고 예이르와 만난 날 쓰러뜨린 큰 참나무로 배의 용골을 만들었다. 예이르도 구경만 하고 있지 않고, 이리저리 뛰어다니며 목수들이 시키는 심부름을 했다. 바닥에 흩어진 나무 부스러기를 모아 대장간 아궁이에 불을 피우거나 통나무에 망치질도 했다.

  몇 주 동안 열심히 일한 끝에, 오페이그가 용골 끝에 뱃머리 조각을 붙인 다음 외판*을 바닥부터 기왓장처럼 포개

보트니아 만
발트 해 북쪽 끝, 스웨덴과 핀란드 사이에 있는 만.

눈보라
바람에 휘몰아치는 눈.

쐐기
물건의 틈에 박아서 틈을 벌리거나 고정시키는 물건.

손도끼
목수들은 주로 날이 T자 모양으로 생긴 쇠도끼를 썼다.

외판
선체의 바깥쪽을 이루는 판자.

늑골, 늑판
선체 안쪽에 옆으로 대어 외판을 고정시키는 데 쓰이는 나무.

건초 만들기
풀을 베어 말려 두는 일.

틈 메우기
선체가 새지 않도록 식물 섬유, 동물 털, 비계를 섞어서 외판 사이의 틈을 메웠다.

어 차곡차곡 붙여 나갔다. 그 다음에 늑판과 늑골*을 대고 대갈못이나 버드나무 쐐기를 박아서 조립했다. 오페이그는 한 단계가 끝날 때마다 날카롭게 평가했고, 잘못되었거나 균형이 어긋난 곳을 발견하면 손도끼로 살짝살짝 두드려 바로잡았다.

4월 중순이 되어 뻐꾸기와 딱따구리의 울음소리가 자연이 겨울잠에서 깨어났음을 알릴 무렵, 노르 선의 선체가 완성되었다. 예이르는 작업을 처음부터 지켜보았는데도, 어떻게 도끼로 깎은 평범한 널빤지로 그런 배가 만들어지는지 실감이 나지 않았다. 그때 오페이그와 동료들은 고향으로 돌아갔다.

"예이르, 우리 걸작품을 잘 돌봐라. 겉모습은 아름답지만 아직은 나무 조각을 조립해 놓은 것뿐이니 피오르드를 건널 수는 없다. 다음 겨울에 용 머리를 달아야 바다의 악령들과 맞설 수 있을 게다."

이듬해 예이르를 비롯한 피오르드의 주민들이 모두 건초 만들기*에 매달려 있을 무렵, 오페이그가 돌아왔다. 엘렌드에게 첫 추위가 닥치기 전에 배를 완성하겠다고 약속했기 때문이었다. 어떤 목수들은 선체의 틈을 메우거나* 키를 설치했고, 또 다른 목수들은 큰 소나무를 다듬어 돛대를, 식물 섬유로 밧줄을 만들고 선체에 해초가 달라붙지 않도록 고래 기름과 송진을 섞어서 외판에 칠했다.

 몇 주 동안 고된 일을 한 끝에 드디어 작업이 모두 끝났다. 수많은 구경꾼이 지켜보는 가운데, 오페이그와 동료들은 통나무를 깔아 배를 바다까지 굴려 갔다. 새 노르 선은 물에 들어가자마자 생명을 얻은 듯했다. 뱃머리를 장식한 용 머리가 물이 찰랑거리는 대로 천천히 흔들리는 모습이어서 대양의 파도를 타고 싶은 듯했다.

 그때 예이르는 왜 스칼드*들이 노래 속에서 오페이그의 솜씨와 공로를 찬양하는지, 왜 왕이나 귀족처럼 권력 있는 사람들이 오페이그에게 기꺼이 머리를 숙이는지 알 것 같았다. 오페이그는 아는 게 많고 솜씨가 뛰어난 목수일 뿐 아니라, 배에 영혼을 불어넣는 마법사이기 때문이다.

스칼드
바이킹 영웅의 위업을
노래하는 음유 시인

바이킹의 모험과 배는 떼어 생각할 수 없다. 배가 없었으면 고대 스칸디나비아 인들은 무역이나 전쟁을 할 수도 없고, 알려지지 않은 강의 수원까지 거슬러 올라가거나 위험하기 짝이 없는 대양을 건널 수도 없었을 것이다. 다시 말하자면, 세계 정복에 나설 수 없었을 것이다.

바이킹 배

바이킹 배의 크기는 다양했다. 피오르드를 항해하는 작은 조각배도 있지만 가장 흔한 것은 노르 선이었다. 노르 선은 상품을 옮길 때나 기습을 할 때나, 어떤 상황에서도 쓸 수 있었다. 전쟁용으로는 700여 명이 탈 수 있는 좁고 길쭉한 모양의 빠른 배, 랑시프가 있었다.

서기 1000년경의 덴마크 전함을 복원하고 있다.

바람 없는 날씨

바람이 없거나 역풍이 불어도 바이킹의 배는 끄떡도 없이 항해했다. 바이킹들은 돛대를 눕히고 노를 저어 계속 나아갈 수 있었다.

▶ 고크스타드 선의 뱃머리. 뷔그도이, 노르웨이

완벽한 배

바이킹의 배는 넓은 바다와 맞설 수 있을 뿐 아니라, 바닥이 깊지 않아서 어떤 기슭에도 안전하게 다가갈 수 있었다. 그리고 깊지 않은 강물도 거슬러 올라가 육지 안쪽으로 꽤 멀리 들어갈 수 있었다.

◀ 돌에 새긴 조각. 고틀란드 섬, 9세기, 스톡홀름

▶ 연장들. 메스테르미르, 고틀란드, 스톡홀름

① ② 대장장이가 쓰는 망치의 머리 부분
③ 금속 세공사의 작은 망치
④ 나무를 찍고 가지를 치는 도끼의 날
⑤ 목수가 쓰는 손도끼의 날
⑥ ⑦ 대장장이의 집게와 펜치

▶ 대장장이가 달아오른 쇠를 모루에 놓고 두들기는 모습. 나무판, 12세기, 오슬로

솜씨 좋은 장인들

바이킹 대장장이나 목수는 이웃 나라 장인들의 것과 비슷한 단순한 연장을 사용했다. 이들의 솜씨는 오랜 견습 끝에 얻은 풍부한 지식 덕분이었다.

▲ 나무와 쇠로 만든 닻에 돌을 끼워 무겁게 했다. 노르웨이

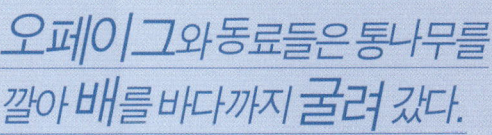

오페이그와 동료들은 통나무를 깔아 배를 바다까지 굴려 갔다.

거친 날씨

갑판이 없는 바이킹의 배에서는 일곱 명이 노를 젓는 동안 여섯 명은 물을 퍼내야 할 때도 많았다.

철과 나무를 다루는 작업

바이킹들은 배 만드는 일은 노련한 장인에게 맡겼지만 일용품은 대부분 집에서 만들었다. 나무로 직접 도구를 만들고 철로 된 농기구도 수리했다.

북대서양 정복

아이슬란드에는 붉은 털 에리크라는 사람이 살고 있었다. 에리크는 이웃과 싸워 두 명을 죽인 죄로 아이슬란드 의회*에서 추방*을 선고받았기 때문에 집을 두고 나라를 떠나야만 했다. 아내인 티오딜드르는 순순히 포기하고 그 소식을 받아들였다.

"당신 아버지도 같은 사정으로 노르웨이를 떠나신걸 생각해 보세요. 다른 곳으로 가서 가장 좋은 땅에 새로 우리 집을 지어요!"

"티오딜드르! 나는 법에 따라 이 땅을 떠나야 하지만 노르웨이로는 가지 않겠소. 그 나라에 대한 기억은 아버지를 추방한 곳이라는 것뿐이오. 절대로 노르웨이 왕에게는 세금을 낼 수 없소! 노르웨이의 세금이 너무 올라서 아이슬란드로 온 사람도 많지 않소?"

의회
사람들이 모여서 의견을 나누고 할 일을 결정하는 모임.

추방
어떤 사람이 자기 나라에 머물지 못하게 하는 형벌.

프랑크 왕국
프랑크 족이 세운 왕국으로 한때 서유럽 대부분을 지배했다. 현재의 프랑스, 이탈리아, 독일의 기원이 되었다.

영주
왕에게 땅을 받아서 그곳을 다스리는 사람.

그 말에 티오딜드르가 대답했다.

"세금을 내기 싫으면 프랑크 왕국*으로 가요. 거기서는 바이킹이 영주*가 되었대요. 넓고 기름진 땅이 있다니까 그곳으로 가요."

"오딘의 벼락이여! 어떤 바이킹이든지 나한테 자기네 법을 지키라고 할 곳이면 아무 데도 안 가겠소. 새로운 땅을 찾아서 그 땅의 주인이 될 거요. 작은 까마귀 울프르의 아들, 군비에른 생각나오? 겨울이 여든 번도 더 지난

 옛날에, 이곳에서 서쪽으로 닷새 정도 항해할 거리를 떠내려가서 섬을 발견했다 하지 않았소. 그곳을 찾아내서 이 나라의 의회가 위대한 에리크를 떠나보낸 것을 후회하게 만들겠소!"

 에리크는 아이슬란드를 떠났다. 출발 첫날부터 오딘과 토르*의 보살핌으로, 돛이 바람을 잔뜩 받아 터질 듯이 부풀었다. 바다는 잔잔했고 노르 선에 탄 사람들은 별로 힘

토르
북유럽 신화에서 천둥의 신.

들이지 않고 노를 저었다. 며칠 뒤, 맨 앞에 달리는 배의 뱃머리를 지키던 토르브란이 말했다.

"에리크 님, 지금 3박 4일째 해가 지는 방향*으로 항해하고 있습니다. 까마귀를 풀어놓을 때가 되지 않았을까요?"

에리크는 생각에 잠겼다.

'그 말이 맞아. 아직은 땅이 한 조각도 보이지 않지만 까마귀가 발견할 수도 있겠지.'

에리크는 새장 안에서 까악까악 울고 있는 까마귀 한 마리를 놓아주었다. 모두의 눈길이 하늘로 향했다. 새는 돛대 둘레를 맴돌다 조금 높이 올라가서 큰 원을 그리며 빙빙 돌더니, 날개를 편 채로 다시 내려왔다. 사람들이 지르던 함성이 실망해서 투덜거리는 소리로 변했다. 까마귀가 땅을 보았다면 곧장 그리로 내려갔을 것이고, 에리크는 그 새를 따라가라고 사람들에게 명령할 참이었다. 하지만 새는 노르 선의 활대* 위로 되돌아와 앉아 버렸다. 할 수만 있었다면 새장 속으로 도로 들어가 버렸을지도 모를 일이었다. 배는 계속 서쪽으로 전진했고, 토르브란은 입을 다물어 버렸다. 그는 에리크가 까마귀를 놓아줄 때

해가 지는 방향
서쪽.

활대
돛을 지탱하는 나무 가로대.

를 선택하도록 두는 편이 나았다고 생각하고 있었다.

다섯째 날에는 바람이 자고 하늘이 흐려졌다. 배에 탄 사람들은 빵과 말린 생선을 먹고 술통의 맥주를 마시며 즐겁게 놀았다.

다음날 아침, 에리크는 다시 까마귀 한 마리를 놓아주었다. 새는 배를 빙 돌고는 멀어졌다 다시 돌아오는가 싶더니, 날개를 펼쳐 속도를 늦추고는 천천히 수평선 너머로 내려갔다. 까마귀는 육지를 발견하고 그쪽으로 가고 있었다. 새가 날아가는 모습에 정신이 팔려 있던 에리크는 새를 따라 북쪽으로 가라고 명령하는 것도 잊고 있었지만, 눈치가 빠른 토르브란이 벌써 뱃머리를 돌렸다. 머지않아 막 떠오르기 시작한 햇빛에 반짝이는 얼어붙은 땅이 보이기 시작했다. 해안은 눈부신 빛무리*에 잠겨 있었다. 하지만 위험하게도 단단한 얼음 덩어리가 떠다녀서 기슭에 배를 댈 수가 없었다. 게다가 물살이 강해서 힘껏 노를 저어야만 했다.

"여기에는 내릴 수가 없다! 계속 남쪽으로 가자. 얼음 덩어리 사이로 지나갈 수 있는 곳이 나오면 바로 배를 대도록 하자."

빛무리
해나 달 둘레에 생기는 둥근 테 모양의 빛.

바위섬들 사이로 해안이 점점 더 뚜렷해졌다. 눈이 덮인 높은 낭떠러지 사이로 파도가 길을 열어 주는 듯했으며 물살이 누그러져 갔다. 피오르드 안쪽의 얼어붙은 언덕 아래에는 숲은 없었지만 무성한 풀이 기슭을 덮고 있었다. 에리크는 뱃전에 팔꿈치를 괸 채로 감탄하다가 배를 대라고 명령했다.

"토르의 천둥이여! 이 땅은 정말 아름답구나! 돛을 내려라! 노를 잡아라! 초록빛 땅*을 찾아가자!"

에리크 일행이 그린란드에 온 뒤 몇 주일이 흘렀다. 여행 중에 허약해진 가축들은 마음껏 풀을 뜯었으며 모두들 새 생활을 시작해 갔다. 나무가 없어서 기둥이나 판자를 만들 수 없었으므로 남자들이 돌과 흙, 풀로 벽을 만들었다. 집은 바람을 피하기 위해 나지막하게 만들었고, 때로는 땅을 파고 짓기도 했다. 새로 지은 집집마다 가족들이 자리를 잡았다. 연어와 청어가 그물에 가득 잡혀서, 말리거나 훈제*를 한 생선들이 찬장에 그득그득 채워졌다.

아이슬란드를 떠난 뒤 겨울을 세 번쯤 지내자, 에리크는 돌아가서 자기가 발견한 땅을 알리고, 넓은 영토를 채울 사람들을 데려올 때가 되었다고 생각했다.

초록빛 땅
그린란드를 뜻한다.

훈제
고기를 연기에 그슬려 저장하는 방법.

986년 봄에 아이슬란드에서 25척의 배가 가축과 건축용 목재, 식량을 싣고 초록빛 땅으로 출항할 준비를 마쳤다. 에리크의 이야기에 끌려 칠백여 명의 아이슬란드 인들이 이주*를 결정했다. 재산을 정리한 사람들은 온 가족과 함께 정든 땅을 떠났다.

에리크는 출항하는 맨 앞의 배에 타고 있었다. 처음에는 온화하던 날씨가 조금씩 나빠지더니 폭풍우가 덮쳐 오기 시작했다. 뱃머리에 파도가 천둥 같은 소리를 내며 부딪쳐 산산조각이 나고 선창*에 물이 들어왔다. 사람들은 돛을 내리고 물을 퍼내는 것과 동시에 바쁘게 노를 저어야 했다. 에리크는 하늘을 원망하듯 주먹질을 하며 돛대를 눕히라고 외쳤다. 그들은 밤새도록 한 치 앞도 보이지 않는 물보라와 어둠 속에서 파도와 맞서 싸웠다. 외판에 걸어 놓은 나무 방패들이 거센 파도에 떨어져 나갔지만, 선체*는 용케 부서진 곳이 없었다. 마침내 바람이 잦아들었고 사람들은 노를 저어 서쪽으로 나아갔다.

봄의 햇빛이 눈 덮인 꼭대기를 비추었다. 얼음이 녹기 시작한 피오르드 해안에서 보초들이 망을 보고 있다가, 나타난 배들을 보고는 함성을 지르며 불을 피워 붉은 털 에리크가 돌아왔음을 알렸다. 그 뒤로도 계속 피어오르는 연기가

이주
다른 곳으로 장소를 옮겨 머무름.

선창
배의 갑판 아래에 있는 공간.

선체
배의 몸통 부분.

뱃사람들의 도착을 알리고 있었다. 열광적인 환영과 함께 긴 축제의 밤이 이어졌다.

 하지만 며칠이 지나도 에리크와 함께 떠난 범선*들은 15척밖에 도착하지 못했다. 모두가 무서운 폭풍우를 빠져나오지는 못했던 것이다. 10여 척의 배와 100여 명의 아이슬란드 인들은 차가운 북쪽 바다의 파도 속으로 가라앉아 버린 것이었다.

범선
돛을 단 배.

대담한 항해가인 바이킹들은 알려진 세계의 경계를 넓혔다. 굶주림에 몰리거나 추방을 선고받거나 정복과 재물의 매력에 끌려 바다 너머로 모험을 찾아 떠난 그들은 새로운 땅을 발견했다.

'얼음의 땅', 아이슬란드

서기 700년경부터 아일랜드 수도사들은 페로에 제도에 정착하고 있었다. 바이킹들은 이들을 통해 더 북쪽으로 가면 얼음에 덮여 있지만 살기 좋은 땅이 있음을 알았을 것이다. 이 땅이 아이슬란드였다.

1. 그린란드, 붉은 털 에리크의 농장, 10세기
2. 덴마크, 페로에 제도
3. 노르웨이, 피오르드

인디언

바이킹은 이누이트 족과 사이가 좋지 않았고, '못생긴 사람'이라는 뜻으로 스크라엘링이라 불렀던 인디언들과는 특히 사이가 나빴다.

◀ 유럽식 의상을 입은 이누이트 인형. 이누이트 미술, 오타와

랑스오메도스의 집들
숲이 없기 때문에 마른 진흙과 이탄으로 집을 지었다.

그린란드의 사가
이 사가에서는 붉은 털 에리크의 아들 레이프가 '평평한 돌의 나라' 헬룰란드, '숲의 나라' 마르크란드, '포도나무의 나라' 빈란드를 발견했다는 이야기가 나와 있다.

4. 뉴펀들랜드는 바이킹의 빈란드일지도 모른다.
5. 랑스오메도스에 복원된 바이킹 주택. 캐나다

에리크는 감탄하다가 배를 대라고 명령했다.

아메리카

바이킹이 아메리카 땅을 밟았다는 확실한 고고학적 증거는 없다. 그러나 뉴펀들랜드의 랑스오메도스에서 발견된 유적은 바이킹의 해외 무역소로 여겨지고 있다.

자유민 회의

팅벨리르* 벌판에서는 이틀 전부터 고함과 욕설, 큰 웃음소리가 울려 퍼지고 있었다. 평소에는 북극여우와 큰매들만이 주인 행세를 하는 황량한 곳이었지만, 지금은 아이슬란드의 온 지방에서 수백 명의 바이킹이 모여들고 있는 중이었다. 그 이유는 내일 이곳에서 알팅* 회의가 시작되기 때문이었는데, 매년 열리는 알팅에서는 자유민*이면 누구나 재판을 요구하고 권리를 행사할 수 있었다.

군나르 일행은 늘 그렇듯이 일찌감치 도착했다. 관례*적으로, 섬의 남쪽에서 온 대표들이 늘 야영하는 강가에 숙소를 준비하고 있다. 매년 묵는 오두막의 돌벽을 몇 시간 만에 거뜬히 수리하고 모직물을 덮어 지붕을 완성했다. 해안 근처에서 노르 선들이 닻을 내리고 뭍에 오를 때 사용하는 은신처의 지붕도 이와 비슷한 모양이었다.

팅벨리르
현재 아이슬란드의 수도인 레이카비크 동쪽에 있다.

알팅
바이킹의 주민 대표들이 매년 모여 중요한 일을 의논하고 다툼을 해결하는 서양 최초의 주민 회의.

자유민
바이킹 자유민은 대개 토지를 소유하고 있었고 원칙적으로 평등했다.

관례
전부터 해 내려오던 일이 관습으로 굳어진 것.

숙소의 준비가 끝나자, 말과 가축을 울타리 안으로 몰아 넣은 하인들이 늘 하던 일을 하기 시작했다. 군나르와 동료들은 모닥불 둘레에 모여 앉아 맥주를 마시며 이야기를 나누었다.

헤우크가 말했다.

"또 동쪽 피오르드 사람들이 마지막으로 도착하겠군. 다른 지역의 대표들은 다 와 있는데, 그 야만인들은 매년마다 자기네끼리 따로 도착한단 말이야. 워낙 거만하다 보니 뚝 떨어진 곳에 야영하다 시비 걸 때나 이쪽으로 올 테지!"

군나르가 미소를 지었다.

"보아하니 우리 친구 헤우크는 레슬링*에서 동쪽 피오르드의 토르발한테 진 일을 잊지 못했나 보군. 사실 그 시합은 상대방의 허리띠를 잡을 틈도 없이 순식간에 끝나 버렸지! 하지만 옛 기억을 되씹는 것보다는 오늘 들판을 지나오면서 무엇을 봤는지에 대해 듣고 싶은걸."

그 말에 모두가 스쿨리를 돌아보았다. 키가 작고, 검은 머리에 갈색 피부를 가진 스쿨리는 주위 사람들과는 어딘가 달라 보였다. 그는 이야기를 잘할 뿐만 아니라 똑똑하고 신중하기도 해서 존경을 받고 있는 사람이었다. 내일

레슬링
두 명이 싸워서 상대방을 바닥에 눕혀 움직이지 못하게 만들어야 이기는 운동 경기.

알팅 회의가 시작되면 군나르의 조언자로 참석할 예정이었다.

스쿨리가 입을 열었다.

"틀림없이 멋진 축제가 될 것입니다. 사람이 많이 모여서 상인들은 벌써부터 주머니를 채우기 시작했지요. 헤데뷔*의 상인들은 슬라브 족* 노예들과 프랑크 무기, 값진 옷감과 소금을 가지고 왔습니다. 스웨덴의 수장들도 성공을 찾아 동방으로 떠날 준비가 된 전사들을 뽑으러 왔다고 합니다. 앞으로 며칠 동안 혼사*도 몇 건 맺어질 것입니다. 조금 전에 염소 두 마리를 제물로 바쳤을 때도 염소의 피가 바른 길을 따라 흘렀습니다. 신과 관습이 정한 것과 같이 바위 위에서 땅으로 흘러 산사나무 덤불 아래 흙 속으로 스며들었지요."

다음날 들판에 와 있는 자유민 대부분이 참석한 가운데 알팅의 첫 회의가 시작되었다. 회의는 '법의 바위' 주변으로 수백 미터에 걸쳐 펼쳐진 야영장에서 열렸다. 법의 바위 위에는 '고다르'들이 각각 두 명씩 조언자를 거느리고 서 있다. 고다르는 섬의 열두 개 지역 회의의 대표들로, 그 중 많은 수가 군나르처럼 씨족의 우두머리 출신이었다. 이

헤데뷔
덴마크에 있는 큰 상업 중심지.

슬라브 족
슬라브 어를 사용하는 동유럽계 민족.

혼사
결혼에 관한 일.

사람들이 보름 동안 법을 정하고 재판을 하게 된다. 만장일치*로만 결정을 내릴 수 있으며, 만약 다툼이 있을 경우에는 의장으로 뽑힌 고다르 중의 한 사람이 법을 낭송*하여 법을 기억하도록 해야 했다.

잠시 동안 섬의 씨족들에 대한 소식과 대륙에서 돌아온 뱃사람들이 가져온 새로운 소식을 모든 아이슬란드 인들에게 알린 뒤, 첫 고발인들이 재판관들 앞으로 나왔다. 지난번 하지* 이후로 이웃과 싸울 일은 얼마든지 있었다. 저

만장일치
모두가 동의하는 것.

낭송
크게 소리를 내어 글을 읽거나 욈.

하지
알팅은 일 년 중 가장 낮이 긴 하지 무렵, 6월 말에서 7월 초 즈음에 열렸다.

마다 모두가 들으라는 듯 소리 높여 비난을 퍼부었다. 법의 바위 뒤쪽에 수직으로 솟은 높은 절벽들 덕분에 소리가 울려 퍼져 모두 어려움 없이 들을 수 있었다.

에위요피에라두르* 피오르드 깊은 곳에 농장을 소유한 권력 있는 부자, 호콘이 가장 먼저 나섰다. 혼자 온 것이 아니라 자기 씨족 사람들을 이끌고 왔는데, 재판에서 강한 인상을 주려고 모두 불평을 하고 위협을 하고 있었다.

호콘이 고함을 쳤다.

에위요피에라두르
아이슬란드 북쪽 해안의 크고 깊은 피오르드.

"검은 언덕 농장 토르스테인의 아들 스벤을 고발합니다! 나의 할아버지가 잉골프르 씨족의 솔베이와 결혼했을 때부터 우리 가족 소유인 월바 숲에서 봄철 내내 양 떼를 먹이고 사냥을 했습니다. 내 부하들이 쫓아내려 하자, 그중 두 사람을 죽이고 한 사람에게 부상을 입혔습니다!"

호콘이 비난한 스벤의 아버지 토르스테인이 화를 잘 내는 성격이라는 것은 모르는 사람이 없었다. 토르스테인이 사람들을 헤치며 법의 바위로 다가왔다.

"호콘, 그렇게 큰소리치는 넌 뭐냐? 이 거짓말쟁이 도둑놈 같으니라고!"

그리고 검에 손을 대며 소리질렀다.

"이리 와라, 재잘재잘 시끄러운 떠버리 같으니! 세상 사는 법을 가르쳐 주마!"

말싸움이 격렬해지자 구경꾼들은 맞대결*이 벌어지기를 즐겁게 기다렸다. 고다르들이 양쪽을 화해시킬 수 있다고 생각하는 사람은 아무도 없었다. 맞대결만이 다툼을 끝낼 수 있을 것이고, 이와 같은 결투 재판*은 알팅 중에서 가장 볼만한 구경거리였다.

싸우는 사람들이 서로 욕을 퍼붓는 사이, 조금 떨어진 곳에서 군나르가 스쿨리와 이야기를 나누더니 곧 두 적수 사

맞대결
일대일 대결.

결투 재판
결투를 벌여 이긴 쪽의 주장이 옳다고 인정하는 것.

첩
정식 아내 외에 데리고 사는 여자.

전사
전투하는 병사.

중재
다툼에 끼어들어 양쪽을 화해시키는 일.

이를 막아 섰다. 그리고 다른 고다르들을 향해 말했다.

"화해의 여지가 없는 듯한 이 두 사람은 기억력이 아주 나쁘군요! 호콘, 자네는 두 번의 알팅 전에 자네 아들이 토르스테인의 켈트 족 여자 노예 둘을 첩*으로 삼으려고 유괴하다가 검은 언덕의 전사* 세 명의 목숨을 잃게 한 일을 잊었나? 그리고 토르스테인, 자네도 지난번 회의 때 양 떼를 호콘의 영지에서 떨어진 곳으로 옮기겠다고 약속하지 않았나? 살인은 각자 기억에서 지워 버리면 서로 빚이 없어질 거야. 하지만 토르스테인, 자네는 약속을 지키지 않고 윌바 숲에서 양 떼를 먹였으니 호콘에게 양 열 마리와 암말 한 마리를 주게."

호콘은 이 판결에 만족해서 곧 씨족 사람들을 이끌고 야영지로 돌아갔지만, 토르스테인은 마구 화를 내며 군나르에게 소리쳤다.

"절대로 내놓을 수 없소!"

결정에 찬성하는 사람들과 반대하는 사람들 사이에 입씨름이 벌어졌다. 고다르 의장이 중재*에 나서 패싸움이 벌어지는 것을 막았다. 의장은 이전 알팅에서 정해진 법을 낭송하여 선고된 판결이 옳음을 모두가 인정하게 했다.

보름 동안 이와 같은 일이 이어졌다. 회의가 열릴 때마다 노예가 도망가고 가축을 도둑맞고, 지참금*을 받지 못하고 억울하게 씨족이 죽었다는 등 온갖 다툼이 벌어졌다. 하지만 다행히도 올해에는 무거운 벌이나 추방은 하나도 나오지 않았고, 의견이 나뉠 때마다 평화적인 방법으로 해결되었다.

그래서 모두가 즐겁게 회의 후의 여흥을 즐겼다. 기마 시합이 인기를 끌었으며, 무엇보다 그 뒤에 이어진 난투극*이 가장 사람들의 흥미를 끌었다. 알팅의 마지막 날에는 검은 올라브 농장 여자들과 팍사 만* 여자들의 크나틀레이크르* 시합이 볼만했다. 양편은 마지막까지 치열하게 승리를 다투었지만, 마침내 팍사 만 팀이 아슬아슬하게 이겼다.

알팅이 끝나 모두 헤어질 시간이 되자 저마다 고향으로 돌아갈 채비를 했다. 모두들 긴 겨울날 난롯가에서 이야기힐 추억을 많이 만들었으므로, 흐뭇하고 즐거웠다. 하지만 헤우크만은 불만이 있었다. 이번에도 또 레슬링에서 동쪽 피오르드의 치사한 토르발한테 졌기 때문이다!

지참금
결혼할 때 여자가 가져오는 재산.

난투극
한데 엉켜 치고받으며 싸우는 소동.

팍사 만
아이슬란드 서쪽에 있는 만.

크나틀레이크르
야구 비슷한 격렬한 구기 시합. 여자뿐만 아니라 남자들도 즐겼다.

자유민 회의 ■ 65

서기

930년에 아이슬란드 자유민들의 회의인 알팅이 처음으로 열렸다. 이 회의에서는 모두의 문제를 의논하고 분쟁을 중재하고 법을 정하고 투표를 했다. 알팅은 역사상 최초의 의회로 여겨지고 있다.

형벌의 적용
형벌을 집행하는 것은 알팅이 아니라 고발인의 몫이었다. 유죄 선고를 받은 사람이 권력이 있거나 오만한 사람일 경우 집행은 쉽지 않은 일이었다.

형벌의 종류
간단한 벌금에서부터 가혹한 벌까지 여러 형벌이 선고되었다. 도둑은 목을 매달거나 돌로 치거나 물에 빠뜨려 죽였고, 살인자는 재산을 모두 빼앗거나 추방했다.

▲ 가슴 장식으로 쓰던 브락테악트 황금 부적, 스톡홀름

팅벨리르 벌판에서는 이틀 전부터 고함과 욕설, 큰 웃음소리가 울려 퍼지고 있었다.

불 재판
바이킹은 누가 거짓말을 하는지 밝히기 위해 때로는 끔찍한 방법을 쓰기도 했다. 의심을 산 사람은 맨손으로 새빨갛게 달군 쇠막대를 잡거나 펄펄 끓는 물이 가득 든 나무통에서 돌멩이를 건져 내야 했다. 상처를 치료하고 며칠 뒤에 검사를 해 보아서 상처가 아물기 시작했으면 참말을 한 것이고, 그렇지 않으면 거짓말을 한 것이라고 여겼다.

축제
알팅은 누구나 즐기는 축제이기도 했다. 사람들은 가장 아름다운 장신구로 치장하고 연회에 참석했다.

▲ 음료수를 마실 때 쓰는 뿔잔

알팅 장소

팅벨리르는 우연히 알팅 장소로 정해진 것이 아니었다. 이곳은 지구의 역사가 새겨져 있는 화려하고도 황량한 곳이다. 마그마가 지표면으로 밀고 올라오면서 흉터처럼 불거진 곳이 매년 몇 밀리미터씩 벌어지고 있다.

▶ 팅벨리르, 아이슬란드

▼ 상아 장기말, 루이스 섬, 헤브리디스, 스코틀랜드, 런던

실내 게임

알팅으로 사람이 모이면 스포츠 시합뿐 아니라 실내 게임도 즐겼다. 주로 뼈나 호박이나 유리로 만든 말을 가지고 장기 비슷한 놀이나 주사위 놀이를 했다.

끈질긴 수다

지루함을 쫓거나 연회를 오래 끌기 위해 모두들 화려한 말솜씨로 박식함이나 유머 감각을 자랑하려 했다.

발트 해에서 흑해로

860년 여름, 바이킹 류리크는 모피와 목재, 철을 배에 싣고 고향 비스뷔*를 떠났다. 그는 고틀란드 섬을 북쪽으로 돌아 동쪽으로 향했는데 류리크는 이미 이런 식으로 발트 해를 건넌 적이 있었고, 며칠 뒤에는 핀란드 만을 통해 네바 강* 어귀에 닿을 수 있었다. 거기서부터는 위험한 바위를 피하며 강을 거슬러 올라가 라도가 호수에 이르렀다.

호숫가의 작은 도시에서 류리크는 자신의 부대를 다시 만났다. 부하들은 대장이 없는 동안 고틀란드에서 가져온 모피, 꿀, 밀랍을 황금과 비단, 포도주, 노예들과 바꾸는 일을 맡고 있었다.

라도가 주민들은 류리크가 스텝 초원에서 오는 기마병* 들로부터 이 도시를 지켜 낸 것에 크게 감탄하고 있었다. '루스*'라는 별명으로 불리는 바이킹의 투지와 힘에 놀라

비스뷔
발트 해 지역의 상업 중심지인 스웨덴 고틀란드 섬의 도시.

네바 강
러시아의 강 이름.

기마병
스텝 초원의 기마병이란 슬라브 인들을 굴복시키고 7세기에서 10세기까지 카스피 해 지역을 지배한 카자르 족을 뜻한다.

루스
9세기에 슬라브 인들이 노브고로트와 키예프 왕국을 세운 스웨덴에서 온 바이킹들을 부르던 이름.

면서도 매력을 느낀 라도가 주민들은 류리크가 다시 돌아오기를 애타게 기다렸다. 류리크가 도착한 다음날, 라도가 주민 대표들이 류리크를 만나 이야기를 하고 싶다고 청했다.

"류리크 님, 우리 땅은 넓고 풍요롭지만 질서가 없습니다. 우리를 통치하고 법에 따라 다스려 줄 영주가 필요합니다. 류리크 님이 우리를 다스리고 통치해 주시겠습니까?"

류리크는 주저 없이 받아들였다.

"토르의 천둥이여! 앞으로 책임지고 여러분의 나라에 질서를 유지하겠습니다. 모든 공격으로부터 여러분을 지키겠습니다. 우리가 이 땅의 지배자가 됩시다!"

류리크는 통치하기 좋은 장소를 찾아 라도가 호수 너머 볼호프 강까지 군대를 끌고 갔다. 마침내 홀름가르드*라는 곳에 자리를 잡기로 하고 언덕 위에 튼튼한 나무 성채를 세웠다.

부자가 되고 싶었던 류리크는 노예 장사를 시작했고 노예 한 쌍에 금화 100냥과 다람쥐 가죽 한 장을 받기로 했다. 부유한 카자르* 족장과 협상을 벌이러 떠날 채비를 할

홀름가르드
나중에 러시아의 노브고로트 시가 된다.

카자르
10세기경 돈 강과 드네프르 강 사이에 있는 스텝 지방을 지배한 투르크 민족.

때, 성채 꼭대기에서 망을 보고 있던 보초가 소리쳤다.

"큰 강으로 노르 선들이 다가옵니다! 겨울이 오기 전에 새로운 전리품을 찾아 라도가를 떠난 고틀란드의 올레그 대장입니다."

지칠대로 지친 뱃사람들이 성채로 들어오고 있었다. 가장 먼저 나타난 올레그가 말했다.

"류리크 님, 우리는 미클레가르드*에 다녀왔습니다! 밤낮으로 항해하고 쉴 새 없이 싸웠으며, 기사들을 쓰러뜨리고 다리와 성벽을 무너뜨렸습니다. 다리를 지나가는 것을 막으려고 쳐 놓은 사슬들을 끊었습니다. 그 보석과 황금 지붕의 도시가 얼마나 화려한지 모릅니다! 수많은 궁전에 노예와 향료, 비단과 향수가 넘칩니다. 류리크 님, 배와 사람과 도끼를 충분히 내주십시오! 세력을 키워서 함께 떠나 그 아름다운 도시에서 황금과 비단을 궤짝마다 채워 옵시다! 류리크 님의 위대한 힘으로 미클레가르드의 문을 열어 주십시오!"

그 말을 들은 류리크가 부하들에게 말했다.

"올레그와 함께 떠나자. 그 눈부신 황금빛을 영원히 보고 싶구나. 여름에 출발하자!"

미클레가르드
'큰 도시'라는 뜻으로 여기서는 비잔틴 제국의 수도 콘스탄티노플을 가리킨다.

초여름이 돌아왔다. 류리크와 올레그가 이끄는 원정대가 홀름가르드를 떠난 지 나흘이 되었다. 북쪽 사람들인 바이킹들은 익숙한 눈과 비바람 대신, 뜨거운 햇볕과 숨이 막히는 더위에 시달려야 했다.

류리크가 명령했다.

"돛을 내려라! 모두 노를 잡아라!"

바람이 없으니 노를 젓는 사람들도 지쳐 갔다. 곧 점점 좁아지는 강 때문에 배가 갈 수 없게 되었다.

"올레그, 부하 여섯 명을 보내서 숲에서 나무를 베어 오게 해라. 통나무를 깔아서 배를 옮겨야겠다. 맨 뒤의 통나무를 차례로 앞으로 갖다 놓으면서 배를 땅 위로 굴리자. 드네프르 강까지 배를 끌고 간 다음에 나시 강으로 가면 돼."

육지에 내려 한 사람은 배에 실린 물건들을 어깨에 짊어지고 다른 사람은 배를 들어 올려 옮겼다. 햇빛 아래 오랫동안 발을 맞추어 걷는 일은 몹시 힘든 일이었다. 엄청난

고생을 한 끝에 바이킹들은 드네프르 강과 만나 다시 배를 띄우고, 속도를 붙여 노를 저어 갔다.

다음날 아침, 강 한가운데에 절벽처럼 솟은 거대한 바위들에 배가 부딪힐 뻔하는 사건이 있었다.
"배에서 내려라!"
올레그는 지난번에 어떻게 두 번이나 이 장애물을 지나갔는지 설명했다.
"강 하류에서는 물이 더 잔잔해집니다. 육지로 갑시다! 기슭으로 가면서 길고 튼튼한 장대로 물 위의 노르 선을 끌고 가는 겁니다! 류리크 님은 부하들과 함께 가십시오! 저는 제 부하들과 가겠습니다!"
바이킹들은 드네프르 강의 급류*와 싸우며 힘겹게 장애물을 지났다. 이 위험한 항해를 거쳐 흑해에 들어선 바이킹 함대는 돛을 활짝 펼치고 잔잔한 물 위로 황금 지붕의 도시까지 나아갔다.
미클레가르드의 주민들은 높은 돌벽 뒤에 숨어서 바이킹의 무시무시한 뱃머리가 다가오는 것을 보고 공포에 사로잡혔다. 노를 내려놓은 바이킹들이 상륙해서 사납게 검을 휘두르기 시작했다.

급류
빠른 속도로 흐르는 물.

스웨덴 상인들은 모피와 노예를 찾아 동쪽으로 가서 드넓은 슬라브 대륙으로 들어갔다. 특히 콘스탄티노플은 풍요로운 동방의 큰 시장을 열어 주었다.

해외 무역소
바이킹은 강을 따라 이동하는 동안 안전하게 상품을 저장했다가 스칸디나비아의 시장으로 보내기 위해 요새화된 도시를 건설했다. 879년 그중 한 곳에 올레그가 키예프 공국을 세웠고, 그것이 러시아의 기원이 되었다.

바랴크 친위대
콘스탄티노플의 황제는 스웨덴 바이킹의 용맹성과 전술에 강한 인상을 받고 이들을 용병으로 고용했다. 이 용병들은 '바랴크 친위대'라는 이름의 정예 부대가 되었다.

▼ 콘스탄티노플의 기병대가 바이킹의 공격을 물리친다. 시놉시스 히스토리아룸, 마드리드

▲ 청동으로 장식한 용 모양의 말 목끈. 덴마크, 스톡홀름

적응하기
바이킹은 무역에 성공하기 위해 거래할 민족의 언어를 익히고 그들의 옷을 걸치고 의례와 관습을 따랐다.

정예 부대
바랴크 친위대는 비잔틴 제국이 벌이는 전투에 모두 참가했다. 이 부대는 13세기에 사라질 때까지 스칸디나비아의 젊은이들이 계속 입대할 정도로 뛰어난 명성을 떨쳤다.

굳은 땅으로 항해하기
급류를 통과하거나 다른 강으로 옮겨 가야 할 때, 바이킹들은 배 밑에 통나무를 깔아 땅으로 굴리거나 배를 어깨에 메고 걸어갔다.

◀ 바랴크 친위대에 둘러싸인 비잔틴 황제 테오필루스. 11세기의 스킬리체스 연대기, 마드리드

▲ 배를 운반하는 러시아의 바이킹. 올라우스 마그누스의 목판화 〈스칸디나비아 여행〉, 1555

콘스탄티노플에서의 패배
바이킹이 콘스탄티노플을 정복하려는 시도는 번번이 실패했다. 배는 화약에 폭파되었고 많은 바이킹이 그리스 기병대에게 목숨을 잃었다.

미클레가르드 주민들은 공포에 사로잡혔다. 노를 내려놓은 바이킹들이 상륙해서 사납게 검을 휘두르기 시작했다.

▶ 인도에서 스웨덴 헬고 섬까지 건너온 청동 불상. 스톡홀름

상인들의 도시

솔베이는 노가 규칙적으로 물을 때리는 소리에 잠이 깨었다. 그녀는 곁에 잠들어 있는 남동생 셰틸을 밀어내고 덮고 있던 곰 가죽 밑으로 고개를 내밀었다. 잠든 사이에 노르 선의 돛이 접히고 돛대가 눕혀져 있는 상태였다. 남자들은 모두 힘껏 노를 젓고 있었다. 솔베이의 아버지는 배 뒤쪽에서 키를 잡고 배를 조종하는 중이었고 어머니와 하녀들은 아버지 주위에 모여 있었다. 여자들은 매우 흥분한 표정들이었으며 요란하게 웃거나 수다를 떨지도 않고 있었다.

"무슨 일 있어요?"

솔베이는 바로 옆에서 힘껏 노를 당기고 있는 올라프 아저씨에게 물었다.

"중요한 날이니까 그렇지. 오늘 저녁에는 나도 맥주를

찬양
아름답고 훌륭함을 크게 기리고 드러냄.

용 머리를 떼고
바이킹의 뱃머리를 장식하는 용 머리는 바다의 정령을 달래는 것으로 생각되었다. 항구에 들어가기 전에 용 머리를 떼는 것은 땅의 정령들에게 도전하지 않기 위해서이다.

바다코끼리
긴 엄니가 있는 큰 바다 동물.

혼수
결혼할 때 신부가 가져가는 옷이나 장신구.

가득 채운 뿔잔을 치켜들고 우리 조상과 신들을 찬양*할 거다."

"셰틸, 일어나! 헤데뷔에 도착했어!"

솔베이는 아직 깨지 않은 남동생의 귀에 대고 소리친 다음 여자들이 모여 있는 곳으로 갔다.

배 뒤쪽의 한 단 높은 갑판에 올라서자 피오르드 안쪽에 세워진 높다란 벽이 똑똑히 보였다. 그 울타리가 에워싸고 있는 큰 도시로 들어가려면 무장한 병사들이 지키고 있는 두 개의 탑 사이를 지나가야 했다.

아버지는 뱃머리의 용 머리를 떼고* 평화의 방패를 걸게 했다. 그 신호 덕분에 노르 선은 문제없이 항구로 들어설 수 있었다. 아버지는 주저 없이 정박한 많은 배들 사이로 교묘하게 빠져나가 기슭 쪽으로 들어갔다.

아버지는 매년 여름이 지나면 씨족에서 일 년 동안 모은 모피와 바다코끼리* 엄니를 팔러 헤데뷔에 왔다. 이번 여행에는 아이들을 데려왔는데, 그 이유는 셰틸이 곧 아버지의 뒤를 이어야 하기 때문이었다. 그는 오늘부터 우두머리 수업을 시작하게 된다. 열다섯 번의 겨울을 지낸 솔베이는 첫눈이 오기 전에 약혼자 하랄과 결혼하게 될 테니 신분에 어울리는 혼수*를 마련해야 했다.

기슭을 따라 길게 이어진 선착장에 배를 대자, 남자들이 이곳에 묵는 데 필요한 물건들을 서둘러 내렸다. 여자들은 그 짐을 들고 모래사장을 굽어보고 있는 완만한 언덕으로 올라가 이곳을 거쳐 가는 상인들의 임시 숙소 터까지 가지고 갔다. 그곳에 천막을 세우고 침상을 조립한 후, 불을 피우고 커다란 솥을 올려 식사 준비를 했다.

솔베이는 배에 쌓인 모피 더미 위에 앉아 눈앞에 펼쳐지는 놀라운 장면을 구경했다. 부두에는 전 세계에서 모인 듯한 군중이 떠들썩하게 붐볐다. 땋아내린 수염으로 쉽게 알아볼 수 있는 고틀란드 인들이 배가 금방이라도 가라앉을 듯이 잔뜩 실어 온 작은 짐 보따리들을 내리고 있었다. 흑해에서 포도주와 후추, 옷감과 노예들을 가득 싣고 오는 길이었다. 프리슬란트 상인들* 한 무리가 어떤 여자와 돼지 값을 놓고 싸우고 있었다. 그 험한 말 와중에도, 두 노인이 물가에 앉아 끊임없이 오가는 행인과 수레, 기마병은 아랑곳 않고 주사위 놀이를 하고 있었다. 한 남자는 놀랍게도 지나가는 사람마다 붙들고 은화나 호박* 한 조각에 머리나 수염을 자르라고 권하고 있었다. 올라프 아저씨는 그렇게 점잖지 못한 일을 하는 사람은 틀림없이 색슨 인* 일 거라고 했다.

프리슬란트 인
북해 연안을 따라 현재의 네덜란드 지역에 정착한 게르만 민족.

호박
침엽수의 나뭇진이 화석화된 것으로 장신구에 사용된다.

색슨 인
북부 독일 출신의 게르만 민족.

아주 가까운 곳에서 싸우는 소리가 들려서, 솔베이는 구경을 멈추고 돌아보았다. 아버지가 올라프 아저씨에게 이곳에 머무는 동안 내내 배*에 남아 상품을 지키라고 했기 때문에, 올라프 아저씨가 거세게 항의하고 있었다.

아버지가 소리쳤다.

"이제 그만두게, 올라프. 알고 있을 테지만 술자리에 끼기만 하면 싸움을 거는 자네의 술버릇 때문에 상품을 판 것보다 비싼 값*을 치를 수도 있어. 그러니 자네가 술에 취해 아무한테나 싸움을 거는 것보다는 배에서 혼자 맨정신으로 화내고 있는 편이 나아!"

다음날 식사를 마치자마자 아버지는 배에 가득 실린 상아와 모피를 살 사람을 찾아 나섰다. 아버지는 되도록 멋지게 차려입고는, 거래 기술을 배우려는 셰틸을 데리고 숙소를 나섰다. 시내 쪽으로 판자가 깔린 길이 놓여 있었다. 조금 뒤에서 어머니와 솔베이가 손을 잡고 따라갔다.

솔베이와 셰틸은 이렇게 큰 도시는 처음 보았다. 좁은 길 위쪽으로 집들의 지붕이 거의 맞닿아 있고, 장인, 뱃사람, 여행자, 상인들로 이루어진 잡다한 군중이 오갔다. 저마다 자기네 말을 하는데도 서로 알아듣고 거래하는 데는 어려

배
배는 선착장에 남아 있으면 안 되고 항구에 닻을 내려야 한다.

비싼 값
도시의 실서를 유지해야 하는 법관들은 말썽을 일으키는 사람에게 무거운 벌금을 매긴다.

움이 없는 것 같았다.

　대부분의 집은 가게로도 사용되었고, 창고와 작업장, 가축들이 뛰노는 울타리가 있었다. 많은 집 앞에 죽은 동물이 단 위에 놓여 있거나 말뚝에 꽂혀 있었다.

　아버지는 아이들에게 설명해 주었다.

　"우리 신을 믿는 주민들은 저런 식으로 믿음을 표시하는 거란다. 하지만 우리의 관습을 버리고 기독교로 개종*하는 상인들이 점점 늘어나고 있어. 어떤 사람은 거래를 하

개종
믿던 종교를 바꾸어 다른 종교를 믿음.

고 싶으면 십자가 앞에 엎드리라는 요구까지 하지."

솔베이는 어느 골목 모퉁이를 지나다가, 혼잡한 시내에서 조금 떨어진, 성벽과 가깝고 굉장히 호화로운 큰 집을 보았다. 돌로만 지어진 집으로, 우물과 빨래터까지 딸려 있었다.

솔베이는 어머니에게 물었다.

"저기는 왕이 사는 집이에요?"

"아니, 상인의 집이야. 어떤 도매상*은 우리 임금님보다도 부자란다. 추위를 막는 데는 나무집보다 돌집이 더 좋

도매상
상품을 대량으로 사고 파는 상인.

다고 하더라."

가족들은 노예상 거리를 지나다 잠시 멈춰 서서 스웨덴 상인이 자기가 팔 노예들을 솜씨 좋게 칭찬하는 것을 들었다. 손님은 긴 하얀 옷을 입고 허리띠에 멋지게 구부러진 단검을 찬 것으로 보아, 에스파냐*에서 싼 값에 슬라브 노예를 사러 매년 찾아오는 아라비아 상인이 분명했다.

모피상* 거리에서, 아버지는 늘 들르는 덴마크 상인 스노리의 가게에 들렀다. 두 사람은 몇 분 만에 모피 값을 정해 일부는 소금, 맥주, 가재도구*로 지불하고 나머지는 은화로 지불하기로 했다. 스노리는 튼튼한 자물쇠로 잠근 큰 금고에서 여러 나라에서 만들어진 온갖 모양의 화폐 수십 개를 꺼내 주고, 아버지는 그것을 휴대용 저울로 꼼꼼하게 무게를 달아 보았다. 정확한 값이 나올 때까지 작은 주화 여러 개를 잘라 내거나 깎아 내야 하기 때문에, 세틸과 솔베이에게는 지루한 일이었다.

거래가 끝나자, 주머니가 두둑해진 아버지는 밝은 기분으로 보석상 거리로 향했다. 그곳에서 옛 친구 호스쿨과 만나 반갑게 인사했는데, 호스쿨은 무어 족*의 나라로 원정을 떠났을 때 오른손을 잃고 상아와 보석을 취급하는 도매상이 된 사람이었다.

에스파냐
8세기 초부터 에스파냐 남부를 아라비아 인들이 점령했다.

모피상
모피와 무두질한 가죽을 취급하는 도매 상인.

가재도구
집안 살림에 쓰이는 여러 물건.

무어 족
북아프리카 원주민.

솔베이와 어머니는 아버지를 기다리지 않고 길을 건넜다. 그녀들은 아름답게 반짝이는 진열대에 끌려 그리스 상인의 옷감가게로 들어갔다. 화려한 동양 비단*과 비잔틴 비단 두루마리가 있었다.
"네 결혼*식에는 이런 옷감으로 지은 옷을 입힐 거다. 우리 가문과 지위에 어울려야 하니까."
어머니가 몹시 기뻐하며 솔베이에게 속삭였다.

닷새 뒤에 솔베이네 가족은 매우 만족해서 헤데뷔를 떠났다. 그들은 상아와 모피를 팔아서 온 가족이 일 년 동안 쓸 물건들을 모두 마련해 놓은 상태였다. 셰틸은 우두머리의 아들답게 행동했고, 솔베이는 예쁜 장신구와 가재도구 등 신부에게 필요한 것을 다 갖추어 불명예나 부끄러움 없이 하랄 앞에 설 수 있게 되었다. 올라프마저 불평을 그쳤다. 몇 통이나 실은 맥주를 가장 먼저 맛보게 해 주겠다고 약속했기 때문이다.

동양 비단
중국산 비단이 비잔틴을 거쳐 바이킹의 시장까지 들어왔다.

결혼
바이킹의 결혼은 연애 이전에 두 가족 간의 경제적, 정치적 결합이었다.

유럽의 나머지 지역과 무역이 발달하면서 몇몇 무역 도시는 대단한 명성을 누리게 되었다. 시기에 따라 중요한 장이 설 때면, 멀리 칼리프가 지배하는 바그다드에서도 도매상들이 찾아오곤 했다.

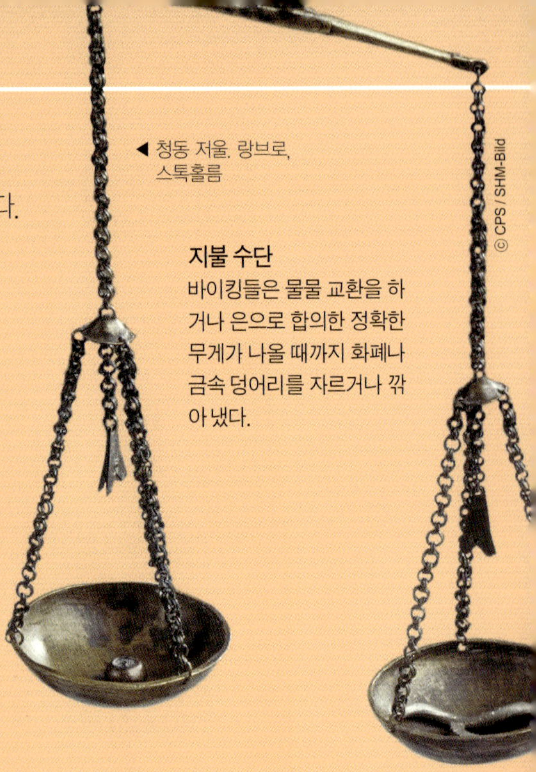

◀ 청동 저울. 랑브로, 스톡홀름

지불 수단
바이킹들은 물물 교환을 하거나 은으로 합의한 정확한 무게가 나올 때까지 화폐나 금속 덩어리를 자르거나 깎아 냈다.

상업과 수공업
헤데뷔와 같은 도시는 단순한 시장이 아니라 중요한 수공업 중심지이기도 했다. 가게와 연결된 수십 개의 작은 작업장에서 구리, 은, 청동을 가공하고, 뿔과 뼈를 깎아서 숟가락, 바늘, 빗 등도 만들었다.

> 거래가 끝나자, 아버지는 보석상 거리로 향했다.

보물
9세기부터 엄청난 양의 재물이 바이킹 시장으로 흘러 들었다. 가장 흔한 것이 주화와 보석으로, 프랑크 족이나 앵글로색슨 족에게 빼앗은 공물이나 도둑질한 물건이었다. 그 다음으로는 모피도 있고, 러시아에서 끌려와 아라비아로 팔려 가는 노예들도 있었다.

◀ 영웅의 모습이 들어간 금화. 10~11세기, 런던

▼ 잉글랜드에서 찍어낸 바이킹 화폐. 런던

취하는 음료
부유한 바이킹들은 포도주를 즐겼다. 이 사치스러운 음료수는 모두의 관심을 끌 가치가 있었기 때문에, 값진 유리 그릇이나 깔때기 모양의 잔으로 포도주를 마셨다.

▲ 라인란트 지방에서 제작된 색유리 컵. 비에르코, 스톡홀름

복원된 헤데뷔의 주택과 배 무늬가 조각된 나무문, 독일

▲ 스웨덴 비르카의 무덤에서 발견된 가슴에 다는 금 십자가. 스톡홀름

법률
바이킹의 땅에서는 외국인이 아무 보호도 받지 못했지만, 무역 도시에서는 안전하게 거래할 수 있도록 특별한 법을 정해서 누구든지 부상을 입거나 목숨을 잃을 경우 도움과 보상을 받을 수 있도록 했다.

전리품인가, 성유물인가?
무역 도시에서 발견된 교회의 장식품이 약탈된 것인지 일부 바이킹들이 일찍 기독교로 개종한 증거인지는 알 수 없다. 그러나 무역 도시들이 기독교가 스칸디나비아로 전파되는 관문이 된 것은 사실이었다.

품질 보장
무역 도시에는 평판이 좋은 상인들만 들어갈 수 있었다. 상품의 질을 속이는 행위는 엄한 벌을 받았다.

아름다운 에우드르의 마지막 여행

하녀 솔베이는 해가 뜰 무렵 일어났다. 냄비와 그릇을 닦아 놓고 아궁이의 재를 청소하고 나서, 새로 불 피울 준비를 했다. 강으로 빨래를 하고 오는 길에 양배추와 파슬리를 뜯어 오고 양파와 계란을 가져왔다. 돌아왔을 때도 여주인 에우드르는 아직 일어나지 않고 있었다. 솔베이는 집 안이 조용한 것에 불안해 하며, 여주인의 방으로 가서 꼼짝도 않는 에우드르를 들여다보았다.

솔베이는 놀라 소리를 지르며 큰 방으로 달려갔다.

"마님이 숨을 안 쉬어요! 얼굴이 죽은 사람 같아요!"

하녀의 비명과 울음소리에 깬 주인 에이나르는 지난 겨울부터 상냥한 아내를 괴롭히던 무서운 병이 마침내 승리했음을 알았다. 아름다운 에우드르는 두 번 다시 눈을 뜨지 못할 것이다. 에이나르는 죽은 아내의 머리맡에서 조용히 흐느꼈다. 오랫동안 무릎을 꿇고 있던 그는 이 슬픈 소식을 아들 루니에게 알린 후에 솔베이에게 지시했다.

"마지막으로 마님을 돌봐 드려라. 몸을 깨끗이 씻기고 손톱을 깎고 영혼이 떠나지 못하도록 콧구멍을 막아라. 그리고 가장 아름다운 장신구로 꾸며 주어라."

가족들은 눈물을 흘리면서도 에이나르를 부축해서 이 힘겨운 시련에 맞서는 것을 도와야 했다. 에이나르는 한시바삐 장례식을 준비해야 하고, 에우드르가 죽은 이의 왕국에 어떻게 들어가느냐는 대단히 중요하기 때문이었다.

다음날 아침, 에이나르는 영지를 둘러보러 떠났다.

"루니, 네 어머니가 쉴 장소를 찾으러 함께 가자. 네 어머니에게 어울리는 장례식을 치러 주어야 한다."

사흘 밤이 지난 뒤에 슬픔과 피로에 지친 에이나르와 루니가 돌아왔다. 에이나르가 솔베이를 불러 말했다.

"생선과 빵, 맥주를 가져오고 동료들을 불러와라. 되도록 빨리 여기로 모이라고 해라."

땅거미가 질 무렵 농장 앞에 열두 명의 남자가 모이자, 에이나르가 입을 열었다.

"에우드르를 위해 풀밭과 바다가 만나는 가장 아름다운

장소를 골랐네. 헬*까지 실어다 줄 큰 배 안에서 아내가 편히 쉴 수 있도록 넓은 방을 만들어 주게!"

남자들은 열흘 동안 부지런히 일했다. 통나무를 깔아 배를 끌고 와서 커다란 구덩이에 집어넣고는 갑판 위에 나무 침대를 가져다 놓았다. 솔베이가 매트리스를 화려한 비단과 깃털로 덮고 묵직한 커튼을 드리웠다. 에우드르의 마지막 치장이 끝나자, 에이나르가 아내를 쉬게 할 배로 옮겼다. 에우드르는 금단추가 달린 튜닉을 입고, 목과 손목을 황금과 유리구슬로 장식하고, 가죽 장화를 신고 모피로 덮인 비단 모자를 쓰고 있었다. 에우드르는 무덤 속에 누워 마지막 긴 여행을 떠날 준비를 했다.

에우드르와 에이나르의 친지*들이 차례로 무덤가를 지나가고, 장례의 방이 화려한 선물로 채워졌다. 하녀들은 빵, 과일, 계란, 양파, 맥주를 여주인 곁에 놓았다. 대장장이는 솥을 만들고 나무 궤짝의 철물 부분을 수리해 주었고, 천 짜는 사람은 가장 아름다운 벽걸이를 가져왔다. 외양간 뒤에서는 암탉 여섯 마리와 암소 한 마리를 잡아 놓았다. 에이나르가 하녀들에게 물었다.

"누가 마님과 함께 죽겠느냐?"

헬
죽은 자들의 왕국.

친지
서로 잘 알고 가깝게 지내는 사람.

솔베이가 서슴없이 나섰다.

"저요!"

솔베이는 저세상까지 주인을 따라가기로 마음먹었다. 솔베이가 에우드르의 마지막 여행을 함께 할 수 있을지 결정해 줄 늙은 마법사 카틀라는 벌써 와서 에우드르의 시신 곁에 웅크리고 있었다. 길게 땋아내린 흰머리를 가진 카틀라는 돌로 장식한 구리 지팡이를 짚고 느릿느릿 일어나 기도문을 낭송했다. 그녀는 마법의 주문을 끝없이 읊조리다

가* 솔베이를 불렀다.

"헬이 왕국을 열어 주리라. 너는 헬에 바치는 마지막 선물이 될 것이다. 오딘이 네게 주인을 따라가라고 한다. 죽음이 올 때까지 마시고 춤을 추어라. 주인을 만나거든 내가 네 주인에 대한 사랑으로 너를 죽였다고 전해라."

솔베이는 마시고 노래하고 춤을 추며, 커다란 방 안의 주인 곁에 누울 준비를 했다. 충실한 하녀는 기꺼이 취하고 곧 지쳐서 쓰러져 버렸다. 솔베이는 죽어서 에우드르의 마

읊조리다
단조롭게 소리를 내어 외우다.

지막 여행에 길동무가 되어 줄 것이다. 하녀의 몸은 호화로운 보물 한가운데, 에우드르 가까운 곳에 놓였다.

장례식 날에는 청동 나팔을 불어 산 자들의 고통을 일깨우고, 에이나르와 루니는 슬픔이 너무 커서 배가 저세상으로 떠나기 전에 마지막으로 주위를 서성거렸다.

에우드르를 묻을 때가 되었다. 에이나르의 동료들이 긴 나무 들보*들을 가져와서 무덤에 지붕을 만들었다. 밤이 지나고 나면 돌아와서 나무 지붕을 흙과 돌로 덮을 것이다. 에이나르는 아내가 영원히 사라지는 모습을 지켜보았다. 에이나르의 영지에서 바다와 풀밭이 만나는 곳에 작은 흙 둔덕이 생겼다. 에이나르는 그곳에 갈 때마다 사랑하는 아내를 추억할 것이다.

들보
건물을 떠받치는 나무.

바이킹의 종교에는 신전도 없고 성직자도 없었다. 경우에 따라 동지나 하지에 왕이나 가족의 수장이 야외에서 종교 의식을 거행하거나 희생물을 바치며 신들에게 인간을 돌봐 달라고 빌었다.

◀ 발키리가 영원의 음료 벌꿀술을 건네고 있다. 스톡홀름

악한 신 로키
오딘과 함께 인간을 창조한 로키는 어둠의 힘을 지배하고 있다. 로키는 거인과 괴물이 승리하게 해서 세상의 종말과 우주의 멸망을 가져올 것이라고 한다.

▼ 얼굴을 찌푸린 정령과 룬 문자가 새겨진 스칸디나비아의 돌. 덴마크

▲ 노르웨이 오세베르그의 배 무덤에서 발견된 수레. 톤스베르그, 베스트폴드

> 배가 저세상으로 떠나기 전에 마지막으로 주위를 서성거렸다.

바이킹의 세 주요 신
오딘은 모든 것을 책임지는 최고신이다. 토르는 오딘의 아들이고 천둥의 신이며, 망치로 무장하고 세계의 균형과 조화를 위협하는 혼돈의 힘과 싸운다. 프레이르는 자연의 재생, 그리고 풍요와 풍작의 신이다.

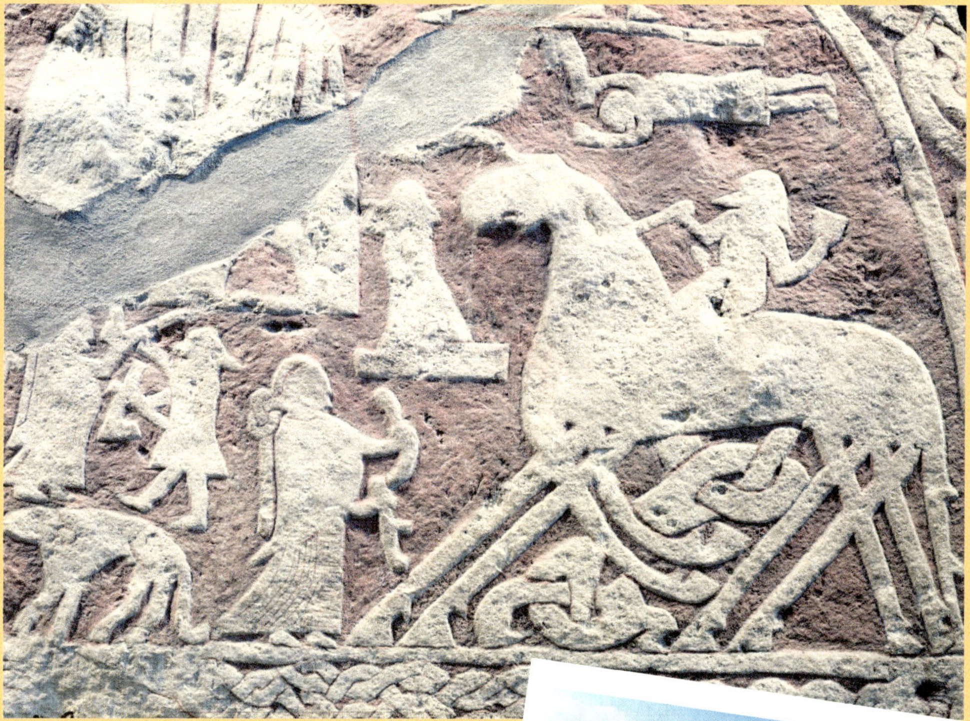

© Dagli-Orti

▲ 전사는 영웅답게 죽은 뒤 여덟 개의 다리가 달린 오딘의 말 슬레이프니르를 타고 발할라로 간다. 오딘의 말의 조각, 스톡홀름

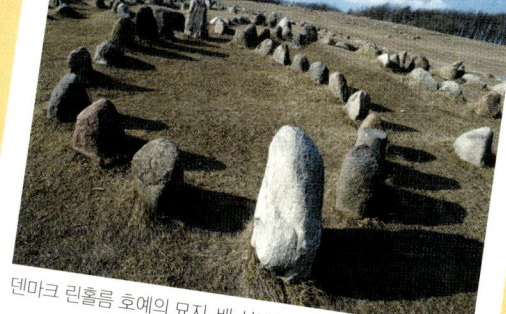

덴마크 린홀름 호예의 묘지, 배 선체 모양의 무덤

© Corbis-Sygma

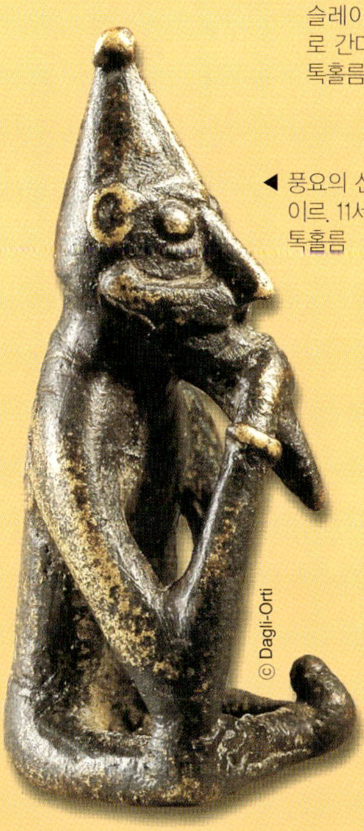

© Dagli-Orti

◀ 풍요의 신 프레이르, 11세기, 스톡홀름

저세상의 삶

바이킹은 죽음 뒤의 삶을 믿었다. 고인을 화장할 때도 있지만, 대개 익숙한 물건들과 함께 매장하고 무덤 둘레에 배를 연상시키는 모양으로 돌을 꽂아 놓았다. 부유한 사람은 값진 집기를 배에 함께 넣어 매장했다. 의례에 따라 고인의 개, 말, 하인, 첩을 죽여서, 죽음 뒤에도 고인을 따라가 섬기도록 했다. 전투에서 죽은 바이킹은 신화 속의 여전사 발키리들이 맞이하는 천국 발할라로 가게 된다. 발할라에서는 잔치를 하고 싸우면서 시간을 보낸다고 한다.

파리 포위 공격

886년 2월의 어느 추운 날, 시그프레드는 전에 없이 지치고 기운이 없었다. 그는 말 한 마디 없이 데인 족* 대장들의 떠들썩한 모임을 나와 생제르맹데프레* 마을에 있는 삼촌 아스게이르의 야영지를 찾아갔다. 페리아* 한 척을 타고 강을 건너는 동안, 그의 눈은 석 달 전부터 바이킹 군사들의 거센 공격에 맞서고 있는 작은 도시 파리를 바라보고 있었다.

섬 위에 세워진 그 도시는 움직이지 않는 노르 선처럼 보였다. 강 한가운데를 차지하고 있는 그 도시는 옛 갈로로망 시대*에 지어진 성벽으로 둘러싸여 있었고, 주민들이 성벽 바깥에 도랑을 파고 나무 방어물을 설치해 보강을 해놓은 상태였다. 뭍과 이어진 곳은 망루*가 있는 두 개의 요새화된 다리뿐이었다. 북쪽 다리는 돌다리이고, 남쪽 다리

데인 족
여기서는 덴마크계 바이킹을 뜻한다.

생제르맹데프레
지금은 파리의 한 구역이 되었으나 당시에는 파리 밖의 마을이었다.

페리아
바이킹의 작은 배.

갈로로망 시대
지금의 프랑스 지역이 로마 인들에게 점령되어 있던 시대(1세기에서 5세기까지).

망루
적이나 주위의 동정을 살피기 위하여 높이 지은 다락집.

는 나무다리였다.

시그프레드의 함대는 작년 11월 24일부터 파리에서 더 나아가지 못하고 있었다. 이 피할 수 없는 장애물이 센 강의 남쪽에 있는 부유한 부르고뉴를 약탈하는 것을 막고 있었던 것이다. 처음에 바이킹들은 이 상인과 뱃사공의 도시를 협상을 해서 통과하려 했으나, 생제르맹 주교인 고즐랭과 외드* 백작이 제안을 거절했다.

거절당한 다음날 아침부터 공격은 시작되었다. 전투는 온종일 이어졌지만 바이킹의 공격은 번번이 성벽 아래에서 깨어지고 말았다. 시그프레드의 부하들은 사기도 높고 승리에 목말라 있었지만, 성벽을 돌파*하지는 못했다. 파리 민병대*는 여자와 아이들의 응원과 성직자들의 격려를 받으며 침략자들에게 소나기처럼 화살을 퍼부었고, 화살이 떨어지면 돌멩이를 던졌다.

용감한 바이킹 몇 명이 북쪽 다리의 성문을 도끼로 찍기 시작하자, 외드 백작이 무장한 부하 몇 명을 거느리고 나섰다. 시그프레드는 프랑크 족 대장이 성벽에 난 구멍들로 끓는 기름과 수지*를 붓는 것을 보았다. 그 펄펄 끓는 기름에 닿은 바이킹들은 그 자리에서 죽거나 허겁지겁 강물로

외드
파리 백작으로 888년 바이킹에 맞서 싸운 공으로 나중에 프랑스 왕으로 임명을 받았다.

돌파
쳐서 깨뜨려 뚫고 나아감.

민병대
시민들이 만든 부대.

수지
불이 잘 붙는 나뭇진.

뛰어들었다. 결국 밤이 될 때까지 성문 중 하나도 뚫지 못했다.

다음날도 지독하게 똑같은 일이 반복되었다. 망루 꼭대기에서 파리 사람들이 던진 큰 수레바퀴에 바이킹 여섯 명이 깔렸을 때, 시그프레드는 파리를 억지로 점령하기보다 포위 공격으로 항복을 받아야 한다는 것을 깨달았다.

그래서 바이킹 주력 부대는 북쪽 기슭에 자리잡고, 아스게이르의 부대가 남쪽 나무다리를 맡아 파리 사람들이 보급품이나 원조를 구하러 가는 일을 막았다. 침략군은 주위 농촌을 부지런히 돌아다니며 식량을 구해 오고, 진지를 쌓고, 프랑크 인들이 사용한 투석기*나 사출기*를 제법 그럴듯하게 본떠 만들었다.

1월 말에 다시 공격을 시작했을 때, 시그프레드는 승리가 손에 들어왔다고 여겼다. 바이킹은 모든 전력을 북쪽 다리에 집중시켜 도랑 속에 나뭇단과 밀짚을 쌓아 올린 뒤, 성벽을 넘어 드디어 프랑크 진영에 침입하는 데 성공했다. 파리 시민들이 항복하려는 순간, 고즐랭 주교가 제르맹 성인*과 주느비에브 성녀*의 유골을 들고 예배 행렬과 함께 성벽 위에 나타났다. 그 모습에 자극을 받은 시민들은 투지와 용기를 되살려 침략자들을 성 밖으로 몰아내

투석기, 사출기
돌덩어리를 쏘아 올리는 중세 무기의 일종.

제르맹 성인(496~576)
생제르맹데프레 성당을 세운 파리 주교.

주느비에브 성녀(422~502)
아틸라가 지휘하는 훈족이 공격했을 때 파리를 지켰다.

버렸다.

  시그프레드는 거듭된 실패에 몹시 화를 내며 다리에 불을 지를 속셈으로 3척의 배에 불을 질러 나무다리로 떠내려 보냈지만, 배들은 다리를 그을리지도 못한 채 불에 타 가라앉아 버렸다.

  이런 일들을 겪으며 석 달 동안 성과 없는 전투를 벌이고

있는 지금, 시그프레드는 늙은 아스게이르와 이야기를 나누고 싶어진 것이다. 시그프레드의 배가 기슭에 닿기도 전에 아스게이르가 말을 걸어 왔다.

"시그프레드, 무슨 일이냐? 대장들의 즐거운 모임을 젖혀 두고 나 같은 늙은이를 찾아오다니?"

시그프레드가 땅으로 뛰어내리며 대답했다.

"갈수록 연회가 즐겁지도 않고 유쾌하지도 않습니다. 우리 바이킹들은 참을성이 없지요. 유리한 때를 기다렸다가 요새를 점령하는 법 같은 것은 모릅니다. 아무것도 못하고 있는 데다 점점 식량은 구하기 어려워지고, 무엇보다 공격이 연거푸 실패하고 있는 것 때문에 모두 몹시 불쾌해 하고 있습니다. 그런데도 웃으시는 이유가 무엇입니까?"

"물론 난 큰돈을 벌겠다는 기대로 검을 다룬 지 오래다. 나도 어제 우리 배들이 교각*도 그을리지 못한 채 타 버리는 것을 보고 실망했다. 고작 성직자 몇 명과 흥분한 시민들 따위에 애를 먹다니. 우리를 내버려 두는 오딘을 원망했지. 그런데 내 슬픔에 오딘이 감동한 모양이다. 오늘 아침 오딘이 프랑크 인들을 골탕 먹이려 하는 걸 보니. 강물이 붇기 시작한 걸 봐라. 강한 물살에 나무다리가 노인의 관절처럼 삐걱거리고 비명을 지르고 있지 않으냐. 시그프레드, 부하들을 불러 모아라! 우리의 신들이 깨어나 승리를 안겨 주려 하고 있다."

정말로 잠시 후에 불어난 물에 밀려 나무다리의 바닥 일부가 떠내려가고 말았다. 성난 물이 그 틈으로 밀려들어 계속 다리를 부수었다. 곧 다리 입구를 지키던 망루만이 도시에서 고립*되었다. 망루에 있던 열두 명의 방위병은

교각
다리를 떠받치는 기둥.

고립
홀로 남다.

세차게 저항했지만 사방에서 공격하는 바이킹에 맞서 오래 버티지는 못했다. 마지막 방위병이 죽자 아스게이르는 웃음을 터뜨리며 시그프레드에게 소리쳤다.

"오딘이 프랑크 인들의 자물쇠를 갖고 노는 것을 보아라! 부르고뉴로 가는 길을 열어 주었지 않으냐?"

다시 센 강을 마음대로 누비게 된 바이킹들은 파리를 포위하는 작은 부대만을 남기고 모두 배에 올랐다. 하지만 그 덕분에 굶주림과 전염병으로 많은 사람이 목숨을 잃은 파리 시민들이 몰래 빠져 나가기가 쉬워졌다.

하지만 4월에 고즐랭 주교가 병으로 목숨을 잃은 뒤 포위된 사람들의 상황은 절망적이 되어 갔다. 외드 백작은 몇몇 동료와 함께 몰래 포위망을 뚫고 프랑크 귀족들에게 도움을 청하러 가기도 했다. 그 무렵 몇 달 동안 망스 지방을 약탈하고 돌아온 시그프레드는 파리 시민들에게 돈을 줄 테니 돌아가 달라는 제안을 받았다. 그는 상황이 바뀌고 있다는 것을 느꼈다.

시그프레드는 후퇴를 제안하며 다른 대장들에게 설명했다.

"프랑크 인들은 저항에 익숙해졌으니 곧 승리를 욕심내게 될 것입니다."

아무도 그 말을 이해하지 못했고, 모두 포위 공격을 계속 하자고만 했다.

그 사이에 외드 백작은 지원 부대를 이끌고 파리로 돌아왔고, 이탈리아 원정에서 돌아온 비만왕 샤를* 황제를 설득해서 파리로 군대를 보냈다. 9월에는 프랑크 군대가 몽마르트르* 언덕 밑까지 와서, 기병대가 남쪽 기슭의 바이킹을 몰아내었다. 포위군이었던 바이킹들이 오히려 진지 속에 갇혀 포위된 신세가 되어 버렸다.

최후의 일격만이 남았을 때, 황제는 무슨 영문인지 바이킹들에게 공물을 바치고 겨울 동안 부르고뉴를 약탈할 권리를 줄 테니 프랑크 왕국을 완전히 떠나라고 말했다. 바이킹들은 궁지에서 벗어나게 된 것을 기뻐하며 그 제안을 받아들였다.

다음해 3월, 원정을 온 바이킹들이 다시 파리에 나타났을 때, 외드 백작은 여전히 대항했고 노르선들의 길을 막는 새로운 다리를 건설했다. 그러나 시그프레드의 예언대로 이번에는 바이킹들이 겁을 먹고선 장애물을 돌파하지 않고 둘러 가는 편을 택했다.

비만왕 샤를(839~888)
프랑크 왕국의 황제.

몽마르트르
지금은 파리의 한 구역이 되었으나 당시에는 파리 밖의 마을이었다.

바이킹 전사들은 전쟁터에서 상대와 비슷한 장비나 무기 덕분이 아니라 조직력 덕분에 승리를 거두곤 했다.

덴마크 퓌르카트에서 발견된 10세기 말 바이킹 진지, 크누트 왕의 요새

원형 요새
덴마크의 바이킹 군대는 요새화된 진지에서 생활했다. 훈련장으로 사용되었는지 출발 기지로 사용되었는지 알 수 없는 이러한 병영에는 병사가 5,500명까지 주둔할 수 있었다. 이들은 원형 성곽 안에 질서정연하게 배치된 공동 주택에서 생활했다.

프랑크 왕국과 앵글로색슨 왕국 침략
9세기 중반부터 덴마크에서 유능한 대장이 이끄는 진짜 바이킹 군대가 프랑크 왕국을 정복하러 떠났다. 서유럽은 2세기 동안 바이킹의 지배를 받았다. 잉글랜드 대부분이 데인 족의 땅이 되었고 유럽 대륙에는 바이킹의 맹렬한 공격을 막아낼 수 있는 왕이나 영주가 없었다.

보병
바이킹은 원정에 말을 가져가는 일은 드물었다. 탈 것은 현지에서 구해 이동할 때 사용했고, 대개는 서서 싸웠다.

기병
마구는 동양 민족의 것을 모방해서 만들었다. 등자는 게르만식, 고삐와 재갈은 헝가리 민족인 마자르식이었다.

 기마병 모양의 은 펜던트

수수한 머리 장식

바이킹들은 흔히 바이킹의 상징처럼 그려지는 뿔이나 날개로 장식된 투구는 쓰지 않았다. 꼭대기가 뾰족한 쇠 투구나 안쪽에 금속판을 댄 가죽 투구를 썼으며, 장식은 하나도 없고 코와 뺨 가리개만 붙어 있었다.

장비

기본적인 무기로는 전투를 시작할 때 쓰는 주목나무 활과 던지는 창, 전투용 창, 양날 검, 용도에 따라 날의 모양과 크기가 다양한 도끼가 있었다. 도끼는 던지거나 두 손으로 휘둘러 적의 기병과 말을 쓰러뜨렸다.

▶ 잉글랜드의 도시를 공격하는 데인 인들

▶ 바이킹의 도끼와 검. 청동과 은, 링가, 스톡홀름

바이킹의 공격은 번번이 성벽 아래에서 깨어지고 말았다.

프랑크 족의 검

바이킹은 철을 다루는 솜씨가 뛰어났으나, 무뎌지지 않는 단단한 검날이나 창 촉을 만드는 데는 프랑크 족 대장장이들을 당하지 못했다. 바이킹은 대개 이런 것을 수입해서 손잡이만 장식해 썼다.

◀ 검. 라프퇴탕엔, 타눔, 보후슬랜, 스톡홀름

노르망디의 롤프르

롤프르*는 분노를 터뜨렸다. 그는 노르웨이의 얄 회의에서 하랄 왕의 이름으로 추방을 선고받은 것이다. 왕의 허가를 받지 않고 약탈을 했다는 죄목이었다.

다음날이 되자 롤프르는 돛을 올리고 영원히 돌아오지 못할 길을 떠났다. 하지만 롤프르의 함대는 강했고, 때문에 기세 좋게 정복에 나섰다. 아일랜드 해를 건너 네우스트리아*로 뱃머리를 돌린 함대는 해안을 따라가다 센 강 하구*로 들어갔다.

맑은 하늘에 흘러가는 잿빛 구름이 불에 탄 마을의 짙은 연기 자국처럼 보였다. 센 강 기슭에 사는 사람들은 바이킹 약탈자들이 지나가는 것을 두려워하고 있었다. 바다에서 파리까지의 강굽이들에 사는 사람들은 모두 노르트마니*들의 배 앞머리에 조각된 용 머리가 나타날까 봐 두려

롤프르
초대 노르망디 공 롤로의 바이킹식 이름.

네우스트리아
지금의 노르망디 지방.

하구
강이 바다로 흘러들어가는 넓고 깊은 장소.

노르트마니
'북쪽 사람들'이라는 뜻.

워했다.

10년 전부터 네우스트리아의 봄은 밭일을 다시 시작하는 시기만을 뜻하는 것이 아니라 활과 방패, 검으로 무장한 노르트마니들의 습격을 뜻하게 되었다.

"신이여, 노르트마니들의 분노를 면하게 하소서."

수도사들이 기도했지만, 골짜기마다 교회는 텅 비고 보물은 약탈을 당하고 말았다. 수도원들도 파괴되었다.

롤프르를 만나러 온 루앙 대주교 비통은 도시 루앙을 습격과 약탈에서 구하고자 했다.

"롤프르여, 은혜를 베풀어 주십시오. 자비를 청하니, 우리의 아름다운 도시에 피해를 입히지 말아 주십시오."

롤프르는 비통의 말에 귀가 솔깃했다. 바이킹들은 갑판에서 말을 타고 뱃전을 넘어 강둑으로 뛰어내려 갔다. 롤프르는 약 이백 명의 부하들과 함께 말을 타고 성벽을 돌아보았다. 위치가 좋고 강이 넓어 항구에 큰 함대도 정박할 수 있었다. 부하들도 옆에서 권했다.

"롤프르 님, 저 숲과 강과 과수원을 보십시오. 얼마나 풍요롭습니까! 어서 이 땅을 정복합시다!"

롤프르는 부하들의 말에 루앙을 약탈하지 않고 네우스트

리아의 지배자로 군림*하리라 여겼다. 대주교 비통은 바이킹의 침략을 막아 내어 안심했지만, 단순왕 샤를*은 생각이 달랐다. 왕은 이미 심한 타격을 입은 자신의 왕국을 걱정하며 이 식민화*를 좋지 않게 생각했다. 노르트마니가 네우스트리아를 지배하면 파리 문턱까지 온 것이나 다름없었다.

911년 여름이 되기 직전, 롤프르는 함대를 이끌고 센 강을 떠나 샤르트르로 갔다. 롤프르의 함대가 외르 강*을 거슬러 올라가 퐁드라르슈까지 갔을 때, 그곳의 주교가 위험을 알아차리고 영주들에게 서둘러 알렸다. 엄청난 공포가 퍼져 빠르게 프랑크 방어군이 조직되었다.

몇 주 뒤에 롤프르가 샤르트르를 공격했고, 바이킹 전사들은 프랑크 족과 맞서 더없이 용감하게 싸웠다. 강철 검으로 적들을 베어 버리고 피가 흐르는 가운데, 상대방이 돌멩이와 펄펄 끓는 기름을 쏟아 붓자 이미 부상을 입은 전사들은 견디지 못했다.

롤프르의 군대는 하는 수 없이 물러나 도시에서 2킬로미터 정도 떨어진 언덕 위로 피했다. 포위된 바이킹들은 결국 오래 버티지 못하고 하룻밤 만에 센 강으로 후퇴하고 말

군림
나라를 거느려 다스림.

단순왕 샤를
샤를 3세. 898년에서 923년까지 프랑크 왕국의 왕이었다.

식민화
어떤 장소나 영토의 점령.

외르 강
샤르트르를 지나는 센 강의 지류.

았다.

 노르트마니들은 천하무적이 아니었다. 프랑크 족은 자신감과 용기를 되찾았고 약탈자들이 마땅한 벌을 받았다고 환호하였다.

 영지로 돌아온 롤프르는 많은 전사를 잃은 분노와 고뇌로 목이 메었다. 그는 복수를 늦추지 않을 것이며, 끓어오르는 분노가 너무 커서 어떤 일도 마다하지 않을 것이다. 그 무엇도, 그 누구도 자비를 얻지 못하고 모든 것이 불꽃

과 고통에 휩싸일 것이다.

 네우스트리아에 그치지 않고 계속 공격해 올 것이 분명한 롤프르의 군대 때문에 샤를 왕은 프랑크 왕국을 걱정했고 지방 영주들과 백작, 후작들을 보호하고 싶어 했다. 침략을 두려워한 프랑크 대장들이 왕에게 말했다.

 "전하, 우리는 어떻게 되는 겁니까? 사방에 공포가 퍼지고 우리 땅이 점령당하고 왕국이 잿더미로 변해 갑니다. 전하가 우리를 보호해 주어야 합니다. 지금 바이킹 하나가 전하의 유산을 빼앗아 가고 있는데, 전하는 거의 맞서지 않고 있습니다. 포기하신 겁니까? 전하의 왕국을 지키고 보호하십시오! 그 바이킹 대장과 평화 협정을 맺는 게 어떻겠습니까? 롤프르는 네우스트리아에 본거지를 두고 센 강의 모든 골짜기에서 주인으로 군림하고 있습니다. 명문가 출신다운 위엄도 가진 용감한 사람입니다. 충성하는 사람에게는 자비를 베풀 줄 알고 전투에 대한 지식도 풍부합니다. 아시다시피 그의 지혜에 맞선 자들은 금방 정복당했습니다.”

화가 난 샤를 왕은 애써 불쾌함을 감추며 대답했다.

“그대들과 같이 내 가슴도 아프고 피를 흘린다. 이 폭력 행위를 줄이려고 수없이 시도했으나 그에 이르지 못했노라. 그대들의 이야기에 감사한다. 롤프르와 교섭하는 일을 프랑콩 대주교에게 맡기겠다. 그를 찾아서 평화를 받아들이게 하라!”

단순왕 샤를은 롤프르를 불러내기로 했다. 노르트마니가 점령한 영토의 경계에 있는 생클레르쉬르엡트 마을이 회담 장소로 정해졌다.

911년 가을, 샤를 왕이 루앙 대주교와 함께 바이킹 대장을 만나게 될 생클레르 성당 앞에 군중이 몰려들었다. 샤를 왕을 찬미*하려는 것일까, 아니면 금실로 수놓은 옷을 차려입은 위대한 롤프르를 보려는 것일까? 두 명의 우두머리가 성당 안으로 들어가고 무장한 프랑크 병사들과 바이킹 병사들이 보초를 섰다. 성당 앞 광장에서는 흥분이 절정에 이르렀다.

찬미
아름답고 훌륭한 것을 칭송함.

대주교가 엄숙하게 롤프르에게 말했다.

"누구보다 용감하고 씩씩한, 고귀한 대장이여, 그대는 공포를 퍼뜨리는 일로 평생을 보내려 하는가? 휴식과 평화를 누리고 싶지 않은가? 샤를 왕의 이름으로 말한다. 점령한 땅을 평화롭게 다스리고 싶다면 왕의 충신이 되어 기독교인이 되어라. 그러면 이 아름다운 나라에서 강력한 영주로 인정받아 평화롭게 살 수 있을 것이다."

롤프르는 주인으로 군림할 땅을 가지고 싶은 마음에 동의했다. 샤를은 롤프르에게 다가가 그의 손을 두 손으로 잡고 다시금 확인해 주었다.

"짐, 프랑크 왕 샤를은 평화와 군사적인 도움을 대가로 센 강의 바이킹들에게 토지를 내린다. 프랑크 왕의 권한 아래 롤프르는 브렐 강과 엡트 강과 바다 사이의 네우스트리아 땅을 자신의 소유로 삼을 것이다. 그의 영지에는 루

노르망디의 롤프르 119

앙과 리지외, 에브뢰가 포함된다. 롤프르는 왕에게 복종하는 동시에 동료들과 더불어 세례를 받는 데 동의한다."
샤를 왕은 또 덧붙였다.
"충실한 봉신*이여, 그대에게 경의를 표하기 위해 내 딸을 신부로 주노라."
롤프르가 단순왕 샤를에게 대답했다.
"지금부터 저는 전하의 충신*이며 부하이고, 전하의 생명을 충실하게 지키겠습니다."
왕, 백작들과 남작들, 주교들과 사제들도 롤프르의 생명과 영지를 성실하게 지키겠다고 맹세했다.
주교들이 롤프르에게 충고해 주었다.
"이 자리에서 현명하고 정중한 모습을 보이시오. 이러한 혜택이나 영지를 받는 사람은 몸을 숙이고 은인의 발에 입을 맞춥니다."
롤프르가 대답했다.
"나는 누구 앞에서도 무릎을 꿇지 않고 발에 입을 맞추지도 않소!"
하지만 프랑크 인의 재촉에 못 이긴 그는 부하 한 사람에게 주교들의 말을 따르라고 시켰다. 바이킹 한 사람이 샤를 왕의 발을 잡고 몸을 숙이지 않은 채 입에 갖다 대는 바

봉신
영지를 받고 영주나 왕에게 묶여 있는 신하.

충신
왕에게 충실한 신하.

람에, 왕은 한쪽 발을 공중에 쳐든 채 뒤로 벌렁 나자빠지고 말았다. 성당 안의 군중이 커다랗게 웃음을 터뜨렸다.

롤프르는 네우스트리아를 지배하는 대신, 바이킹이 공격해 올 경우 막아야 할 의무가 생긴 것이다. 동의의 표시로 롤프르의 부하들이 검으로 방패를 두들겨 귀가 먹먹하도록 요란한 소리를 내었다. 협정이 체결되자 함성이 높아지고 모여 있던 수많은 증인들은 감동해서 눈물을 흘렸.

의식은 큰 연회로 막을 내렸다. 소스로 간을 한 멧돼지 고기와 닭 요리, 포도주와 생맥주가 가득한 높은 식탁 둘레에서 프랑크 족과 바이킹들이 마음껏 먹고 마셨다.

겨울이 끝나갈 무렵, 롤프르는 루앙 대성당에서 프랑콩 대주교에게 세례를 받음으로써 기독교도가 되었다. 대주교는 세례를 받는 자에게 두 손을 얹고 확인을 해 주었다.

"성령의 은혜를 받아 신을 믿겠다고 약속하라! 그대는 왕을 섬겨 네우스트리아를 지배할 것이니, 롤프르여, 그대의 세례명을 받으라. 그대는 노르망디* 공, 루앙 백작, 로베르 1세가 될 것이다."

로베르 1세는 당당하게 노르만 인*이 되었다. 앞으로 그의 영토에는 어떤 바이킹도 약탈하러 오지 못할 것이다!

노르망디
롤프르가 프랑크 왕의 신하가 되면서 네우스트리아 지방은 노르만 인의 나라, 즉 노르망디라고 불리게 되었다.

노르만 인
'노르트마니'에서 유래된 말로 주로 서유럽에 진출하여 동화된 북쪽 사람들을 가리키며, 나중에는 노르망디 지방 사람들을 뜻하게 되었다.

셴 강에서 바다까지 다리와 망루, 집들이 새로이 지어졌다. 로베르 1세는 예전에 자신의 군대가 약탈한 모든 교회에 많은 재물을 선사했다. 노르망디 지방은 번영하게 될 것이다. 노르트마니들은 프랑크 여자들과 결혼하고, 태어나는 아이들은 자랑스러운 노르만 인이 될 것이다. 이제 노르망디에서는 봄이 돌아오는 것을 아무도 두려워하지 않게 되었다.

2세기 반 동안 소란과 광란이 이어진 끝에 바이킹의 모험이 마무리되었다. 습격과 원정의 시대는 지나갔다. '북쪽 사람들'은 새로이 탄생하고 있는 서유럽 사회에 섞여 들어갔다.

바이외 태피스트리
직물에 수를 놓아 만든 70미터 길이의 이 장식용 벽걸이에는, 정복왕 윌리엄과 잉글랜드 왕 해럴드가 싸운 헤이스팅스 전투 이야기가 담겨 있다.

▲ 912년에 루앙 대주교가 롤프르에게 세례를 주었다. 15세기

▶ 기독교의 십자가 또는, 토르의 망치를 찍어내는 금은 세공업자의 틀. 코펜하겐

왕의 권력
스칸디나비아의 왕들은 바이킹이 기독교로 개종하는 데 큰 영향을 미쳤다. 기독교 신앙은 왕의 권력에 신성을 부여하고 어떤 자유민도 왕권에 이의를 제기할 수 없게 했으므로 왕들은 기독교 신앙의 가장 열렬한 신봉자가 되었다.

마지막 전투
헤이스팅스 전투 며칠 전에 바이킹이 마지막으로 침략을 시도했다. 노르웨이 왕인 잔혹왕 하랄이 강한 군대를 이끌고 잉글랜드에 상륙했다. 잉글랜드 왕 해럴드가 전사들을 이끌고 그에 맞섰으며, 바이킹이 패배하고 하랄은 목숨을 잃었다.

상업 감각
어떤 바이킹은 세례를 받지 않고도 십자가를 달았다. 그러면 이교도들뿐 아니라 기독교도들과도 거래할 수 있었기 때문이었다.

롤프르는 자신과 동료들을 위해 세례를 받기로 했다.

▼ 노르웨이 송네의 목조 성당. 보르군드, 9세기

▼ 용 머리가 지붕의 용마루를 장식하고 있다.

▼ 영불 해협을 건너기 위한 준비. 마틸다 왕비의 벽걸이, 11세기, 바이외

바이킹 시대의 끝

1060년 이탈리아 남부와 시칠리아에 노르만 국가가 세워지고 1066년 롤프르의 손자 윌리엄이 잉글랜드를 정복하면서 유럽에서 바이킹 시대가 끝을 맺었다.

◀ 노르망디 공이자 정복왕인 윌리엄. 마틸다 왕비의 벽걸이, 11세기, 바이외

유산

롤프르가 스칸디나비아 왕조 출신이었다 해도 노르망디에서 바이킹의 영향은 약했다. 바이킹은 수도 적었고 기독교화되어 빠른 속도로 프랑크 사회에 동화되었다.

목조 성당

스칸디나비아에 처음 성당들이 세워진 시기는 10세기와 11세기 경으로 추정되고 있다. 당시 사용된 유일한 건축 재료인 나무로 지어졌기 때문에, 이교도식으로 장식된 이런 건물들은 오늘날 대부분 사라졌다.

바이킹 문학

● 신들이 속삭인다

바이킹이 사용한 말은 아이슬란드 어와 비슷한 게르만계 언어인 옛 노르드 어였다. 옛 노르드 어는 3세기부터 푸타르크라는 열여섯 개의 알파벳 기호로 기록되었다. 푸타르크라는 이름은 이 알파벳의 첫 여섯 문자를 딴 것이다.

이 문자는 룬 문자라고 불리는데 옛 노르드 어로 '비밀' 또는 '속삭임'이라는 뜻이었다. 룬 문자는 수직으로, 또는 비슷하게 그은 두세 개의 짧은 막대기로 되어 있어서, 돌이나 나무에 새기기 쉬웠다.

룬 문자는 신들만 사용했던 것으로, 그 기원은 인간들에게 비밀로 남아 있다고 전해지고 있다. 바이킹들은 룬 문자의 발명자가 오딘이라고 말했다. 오딘 신은 성스러운 나무 위그드라실에 아홉 날 아홉 밤 동안 매달린 후에야 룬 문자를 발견했다고 전해진다.

룬 문자는 특히 바이킹 대장들의 위업을 기리거나 고인을 찬양하는 기록을 남기는 데 사용되었다. 이러한 문구는 주로 돌 기념비나 갖가지 부적, 반지나 창 촉에 새겨졌다. 스웨덴에서는 룬 문자가 새겨진 돌이 삼천 점 가까이 발견되기도 했다.

룬 문자는 대개 두 줄 사이에 새겨지는데, 이 두 개의 줄은 띠를 이루며 한쪽 끝은 뱀의 머리, 한쪽 끝은 꼬리가 된다.

● 인간들과 신들의 위업

아이슬란드 문학에는 산문 작품과 시 작품이 있다.

카를레비의 돌
반듯하게 다듬어진 이 돌에는 룬 문자로 한 바이킹 대장의 묘비명이 새겨져 있다. '이 돌은 폴다르의 아들, 선한 시베를 기억하기 위해 놓여졌다. 동지들은 그의 죽음을 추모하여 이 섬에 묘석을 세웠다.' 그리고 그 사람의 생애를 묘사하고 찬양하는 스칼드의 시가 새겨져 있다.

▼ 룬 문자가 새겨진 카를레비의 돌. 서기 1000년 경의 것으로 스웨덴 욀란드에서 발견되었다.

산문 이야기는 '사가'라고 하는데, 사가라는 이름은 '말하다', '이야기하다'라는 뜻의 동사에서 나왔다. 12세기 이후에 교회에서 바이킹 대장들과 아이슬란드 개척자들의 모험을 기록하기 위해 작가들을 양성했고, 이들이 사가를 라틴 어로 옮겨 적었다. 덴마크에서는 1200년경, 성직자 삭소 그라마티쿠스가 전해지는 이야기에서 영감을 얻어 덴마크 왕들의 연대기 《게스타 다노룸》을 쓰기도 했다.

시는 왕에게 고용된 전문 음유 시인 스칼드가 썼다. 스칼드 중 가장 위대한 사람은 10세기 아이슬란드에 살았던 바이킹 수장이자 시인, 에길 스칼라그림손으로 알려져 있다. 그는 '피 흘리는 도끼'라는 별명의 노르웨이 왕 에리크와 싸웠다. 그의 시는 입에서 입으로 전해지다가 13세기에 스노리 스투를손이 옮겨 적었다. 이것이 유명한 《에길의 사가》, '머리의 구출'이다.

스칼드의 시 외에도 에다의 시, 즉 《시의 에다》가 있다. 이것은 12세기에 《코덱스 레기우스》에 수집된, 지은이를 알 수 없는 신화적이고 영웅적인 40편의 시 모음집이다. 이중에서 가장 긴 시, 《하바말》('지고한 자의 노래'라는 뜻으로 '지고한 자'는 오딘을 가리킨다)에는 바이킹들의 위업과 공적, 신앙이 잘 나타나 있다.

▲ 에길 스칼라그림손. 아이슬란드의 스칼드, 수채화, 17세기, 아르니 마그누손 연구소, 코펜하겐

오딘의 룬 문자 발견

나는 옆으로 뻗은 나뭇가지에 매달려 있었다. 어디에 뿌리를 두었는지 알 길 없는 이 나무 속에서, 기나긴 아홉 밤을 바람에 쏠리고 창에 찔리며 나 자신을 나 자신에게 바쳤다. 빵도 물도 없이 바닥을 살펴보면서 룬 문자를 연구하다가 그것을 수집한 다음, 나는 소리를 지르며 땅에 떨어졌다.
　　　　　　　-《시의 에다》

어린이부터 청소년까지

프랑스 갈리마르 인물역사 총서

신화와 역사 속 영웅을 찾아 떠나는 놀라운 지식 여행!

인문 교양 지식 분야에서 세계 최고인 프랑스의 갈리마르 출판사에서 발행한
역사, 인물, 신화, 문명에 대한 종합적인 교양서!

 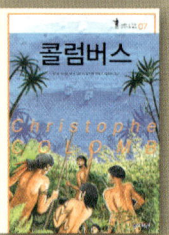   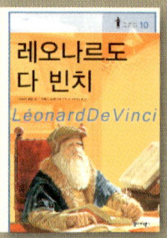

 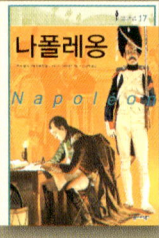  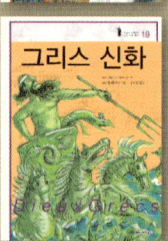 

01 이집트 신	06 율리시스	11 예수	16 다윈
02 아서 왕	07 콜럼버스	12 알렉산더 왕	17 나폴레옹
03 로마 건국자	08 카이사르	13 잔 다르크	18 노예
04 알라딘	09 마르코 폴로	14 해적	19 그리스 신화
05 모세	10 레오나르도 다 빈치	15 바이킹	20 클레오파트라